Matthias Hugoth

Fremde Religionen – fremde Kinder?

W0310045

ROXANA AGUILAR KALNINS
BEUELER KREUZ 2
D*53604 BAD HONNEF

Matthias Hugoth

Fremde Religionen – fremde Kinder?

Leitfaden für interreligiöse Erziehung

HERDER

FREIBURG · BASEL · WIEN

Gedruckt auf umweltfreundlichem, chlorfrei gebleichtem Papier

Umschlaggestaltung: R·M·E Roland Eschelbeck/Rosemarie Kreuzer
Umschlagfoto: Albert Josef Schmidt, Freiburg

Alle Rechte vorbehalten – Printed in Germany
© Verlag Herder Freiburg im Breisgau 2003
www.herder.de
Satz: Barbara Herrmann, Freiburg
Druck und Bindung: fgb · freiburger graphische betriebe 2003
www.fgb.de
ISBN 3-451-28081-1

Inhalt

Vorwort

Kinder in Deutschland wachsen in einer multikulturellen Gesellschaft auf: Zahlreiche Menschen aus anderen Ländern mit unterschiedlichen Kulturen, Religionen und ethnischen Prägungen sind bei uns ansässig geworden, viele leben bereits seit Generationen hier, haben eine neue Heimat gefunden und sich eine eigene Existenz aufgebaut.

Deutsche leben mit Migranten[1] Tür an Tür, sie fahren mit ihnen zusammen zur Arbeit, teilen mit ihnen ihre Arbeitsplätze, besuchen ihre Restaurants, kaufen in ihren Geschäften ein und sind im gleichen Verein, der gleichen Initiativgruppe, dem gleichen Ausschuss oder Gremium. Auf die eine oder andere Weise sind die Angehörigen anderer Nationen und Kulturen den meisten Bürgern vertraut.

Auch in den meisten Kindertageseinrichtungen gehören Kinder ausländischer Herkunft einfach dazu. Es gibt kaum noch eine Einrichtung, die nicht von Kindern unterschiedlicher Nationalität besucht wird. Tageseinrichtungen für Kinder sind ein Spiegelbild unserer multikulturellen Gesellschaft. Erzieherinnen und Erzieher haben es mit Kindern und Eltern aus unterschiedlichen Nationen und Kulturen zu tun, mit ihren spezifischen Lebensgewohnheiten, ethnischen Traditionen, religiösen Überzeugungen und je eigenen Sozialisationserfahrungen.

---

[1] Das Wort „Migranten" hat den lange üblichen Begriff „Ausländer" im offiziellen Sprachgebrauch weitgehend abgelöst. Mit Migranten sind alle gemeint, die als Ausländer oder als Aussiedler, als Flüchtlinge und Asylsuchende nach Deutschland gekommen sind – unabhängig von ihrem Rechtsstatus und der Dauer ihres Aufenthaltes.

So alltäglich die kulturelle Vielfalt in den meisten Kindertageseinrichtungen auch geworden ist, sie enthält noch immer einigen Konfliktstoff. Denn die Auffassungen darüber, wie mit Kindern aus anderen Ländern und Kulturen und mit einer anderen Religionszugehörigkeit umzugehen ist, ob und wie ihre Familien einzubeziehen sind, welche Qualitätsmaßstäbe an die pädagogische Arbeit mit Kindern ausländischer Herkunft angelegt werden sollen und welche Konzepte für ein interkulturelles und interreligiöses Engagement überhaupt tauglich sind, gehen von Einrichtung zu Einrichtung zum Teil weit auseinander.

Vor allem hinsichtlich der interreligiösen Erziehung, ihrer Ziele, Voraussetzungen und konkreten Praxis herrscht in vielen Kindertageseinrichtungen noch eine relativ große Unsicherheit. Dies liegt zum einen daran, dass interreligiöse Erziehung in Kindertageseinrichtungen hierzulande noch keine lange Tradition hat. Zum anderen dürfte die Unsicherheit in den Einrichtungen darauf zurückzuführen sein, dass interreligiöse Erziehung in der pädagogischen Fachdiskussion meist nur als ein Randthema im Zusammenhang mit dem interkulturellen Engagement behandelt wird und deshalb noch kaum pädagogische Ansätze und Konzepte für Kindertageseinrichtungen erarbeitet wurden.

Diese Lücke soll mit der vorliegenden Publikation geschlossen werden. Ihr geht es im Kern um die Formulierung eines Leitfadens für die interreligiöse Erziehung in Tageseinrichtungen für Kinder, das heißt:

- Die Publikation legt Gründe für eine religiöse Erziehung in Kindertageseinrichtungen dar.
- Sie enthält eine Bestimmung dessen, was mit interreligiöser Erziehung gemeint ist.
- Sie zeigt auf, was für die Praxis der interreligiösen Erziehung erforderlich ist.
- Sie vermittelt ein Basiswissen über die Weltreligionen und speziell den Islam, das Erzieher/-innen brauchen, um Kinder und Eltern anderer Religionen besser zu verstehen.

- Sie formuliert Anhaltspunkte für die Selbstreflexion und Standortbestimmung der Erzieher/-innen hinsichtlich der Frage, wie sie zu den Religionen und zur Religion überhaupt stehen.
- Sie bietet schließlich eine Reihe konkreter Anregungen und Tipps für die Praxis interreligiöser Erziehung und für die Zusammenarbeit mit den Eltern.

1 Multikulturelle und multireligiöse Lebenswelten

1.1 Kindheit in einer multikulturellen Gesellschaft

Ein spezifisches Merkmal der pädagogischen Arbeit von Kindertageseinrichtungen besteht darin, dass die Lebenswelt der Kinder und die konkrete Situation ihrer Familien in das erzieherische Planen und Handeln einbezogen werden. Dazu gehört auch, dass den Erzieher/-innen die gesellschaftlichen Bedingungen und die Atmosphäre bewusst sind, unter denen die Kinder hierzulande aufwachsen. Denn nur wenn sie möglichst viel von den Lebenssituationen der Kinder kennen, können sie bedarfsgerecht arbeiten. Besonders für eine interkulturelle und interreligiöse Erziehung ist die Beachtung solcher, die Lebenswelt der Kinder bestimmenden Faktoren von großer Bedeutung.

Für die meisten Kinder in unserem Land ist es nichts Ungewöhnliches, in ihrem Alltag Leute mit anderer Hautfarbe, Sprache, Kleidung, Musik, Ess- und Lebensgewohnheiten anzutreffen. Es gibt kaum noch eine Kindertageseinrichtung, eine Schule, Sport- und Freizeitstätte, die nicht gleichermaßen von deutschen und ausländischen Kindern besucht wird. Immer mehr Kinder wachsen in binationalen Familien auf. Viele deutsche Familien unterhalten Kontakte mit Migrantenfamilien. In Fernsehsendungen, in Kinderbüchern und -zeitschriften, in Sport-, Musik- und Freizeitvereinen für Kinder halten sich auch Menschen aus anderen Ländern und Kulturen auf. Viele ältere Kinder kennen die Namen von ausländischen Schauspielern, Sängern und Sportlern, die für sie oft Vorbilder und Idole sind. Vorschulkinder gehen in der Regel ohne Vorbehalte, offen und neugierig auf Menschen zu.

Für die meisten Kinder, die in unserem Land mit mehr als sieben Millionen Migranten aufwachsen, ist die kulturelle Vielfalt zu einem festen Bestandteil ihres Lebens geworden.

Allerdings machen sie auch die Erfahrung, dass die Erwachsenen auf diese Situation der kulturellen Vielfalt unterschiedlich reagieren.

- Viele begegnen Migranten offen und ohne Vorbehalte, sie zeigen Interesse an ihren Lebensgewohnheiten, ihrer Geschichte, ihrem Brauchtum, oft auch an ihrer Religion.
- Andere verhalten sich mehr oder weniger teilnahmslos: Sie haben kein sonderliches Interesse an „Ausländern“ und deshalb sind diese „kein Thema“ für sie.
- Kinder erleben aber auch, dass Migranten abgelehnt werden, dass man sie für manches Schlechte in der Gesellschaft verantwortlich macht – zum Beispiel dafür, dass viele Deutsche keinen Arbeitsplatz bekommen –, dass man Angst vor manchen Gruppierungen des Islam hat und dass die Vorbehalte gegen „Ausländer“ sogar in offene Feindseligkeit und Aggression ausarten können.
- Auch die Migrantenkinder erleben in ihren Familien unterschiedliche Reaktionen bei Eltern, Großeltern und anderen Verwandten auf ihre deutschen Nachbarn, Arbeitskollegen, die deutsche Gesellschaft und auf Personen des öffentlichen Lebens. Das betrifft auch die Art und Weise, wie in den Migrantenfamilien über die von ihren Kindern besuchten Kindertageseinrichtungen und Schulen gesprochen wird. Nicht selten stehen die geäußerten Urteile der Erwachsenen im Kontrast zu dem, wie die Kinder selbst ihre Tageseinrichtung bzw. Schule erleben.

Der Einfluss der Erwachsenenwelt entscheidet darüber, ob die deutschen Kinder weiterhin vorbehaltlos Kindern und Familien ausländischer Herkunft gegenüber sind und ob die Migrantenkinder ihre Offenheit den deutschen Kindern gegenüber beibehalten oder ob diese Haltung sich ins Gegenteil kehrt, in Argwohn und Distanziertheit. Die mit der Erziehung von Kindern befassten Personen – Eltern, Erzieher/-innen, Lehrer/-innen – müssen sich deshalb bewusst sein, wie sie selbst zu der kulturellen Vielfalt in unserem Land stehen und welche Auswirkungen ihre Positionen auf die Einstellungen und Verhaltensweisen der Kinder haben.

1.2 Kulturelle Vielfalt bedeutet religiöse Vielfalt

Über Jahrhunderte war die christliche Religion in Deutschland die einflussreichste sinngebende und ethische Instanz für das private, gesellschaftliche und politische Leben. Sie bestimmte auch die Erziehung der Kinder in den Familien, in Kindergärten und Schulen. Diese Monopolstellung hat das Christentum heute verloren. Das hat viele Gründe. Ein Grund besteht darin, dass sich in den letzten Jahren andere Religionen in unserem Land etabliert haben: Sie haben Gemeinden und Organisationen gegründet, Gebetshäuser errichtet und sind bestrebt, sich in der Öffentlichkeit Gehör zu verschaffen. Das trifft vor allem auf den Islam zu, der mit mehr als 3 Millionen Mitgliedern die zweitgrößte Religionsgemeinschaft in Deutschland darstellt.[2]

Kinder erleben die kulturelle Vielfalt unserer Gesellschaft häufig auch durch die Präsenz unterschiedlicher Religionen. Sie verhalten sich in der Regel gegenüber den Angehörigen anderer Religionen ähnlich wie bei Menschen aus anderen Kulturen – ohne Vorbehalte, offen und neugierig.

Allerdings erleben sie bei den Erwachsenen eine recht unterschiedliche Einstellung gegenüber den Angehörigen verschiedener Religionen.

[2] Vgl. Große Anfrage der CDU/CSU-Fraktion zum „Islam in Deutschland" vom 8. November 2000 – Deutscher Bundestag, 14. Wahlperiode, Drucksache 14/4530, 8.11.2000.

Wie es sich als notwendig erwiesen hat, dass Kinder bei ihrer Suche nach einer ihnen angemessenen Form des Umgangs mit der multikulturellen Vielfalt ihrer Lebenswelt wegen der widersprüchlichen Botschaften von Erwachsenen Orientierungshilfen durch Erzieher/-innen erhalten, so trifft dies auch auf die Begegnung mit Angehörigen anderer Religionen zu. Denn interkulturelle pädagogische Arbeit beinhaltet immer auch Aspekte einer interreligiösen pädagogischen Arbeit.

Bei diesen ersten, zum Thema der interreligiösen Erziehung hinführenden Gedankengängen wird bewusst die Wendung „interkultureller und interreligiöser Erziehung" verwendet.

„Denn wo interkulturelles Lernen stattfindet, sind immer schon religiöse Komponenten im Spiel. Das gilt insbesondere für Begegnungen mit islamischen Kulturen. Zugespitzt formuliert, kann man sagen, dass interkulturelles Lernen ohne interreligiöses Lernen gar nicht stattfinden kann. Letzteres ist sogar maßgeblich. Es ist deshalb durchaus sachgemäß, von der inzwischen häufig benutzten Begriffsbildung *interkulturelles und interreligiöses Lernen* auszugehen. Aber trotz fortgeschrittener Säkularisierung lässt sich auch für den interkulturellen Begegnungs- und Lernprozess die Erkenntnis nicht ausklammern, dass unsere Gesellschaft wie die in islamischen Ländern aufs Engste mit einer bestimmten religiösen Tradition, nämlich der jüdisch-christlichen, verbunden ist und dass diese ohne religiösen Bezug schlechterdings nicht verstanden werden kann. Ob aber ein solches Bewusstsein sich entfalten kann, ist von grundsätzlicher Konsequenz für ein Konzept interreligiösen Lernens. Interkulturelles Lernen erzwingt deshalb geradezu ein neues Bewusstsein von der gesellschafts- und kulturprägenden Bedeutung von Religionen. Der Blick auf die fremde Religion macht die Frage nach den eigenen religiösen Wurzeln wieder dringend."[3]

---

[3] Folkert Rickers, Interreligiöses Lernen: Die religionspädagogische Herausforderung unserer Zeit, in: Folkert Rickers/Eckkart Gottwald (Hrsg.): Vom reli-

Sollen die Kinder lernen, mit der kulturellen und religiösen Vielfalt in unserem Land möglichst konfliktfrei umzugehen und mit den Kindern und Familien ausländischer Herkunft und unterschiedlicher Religionszugehörigkeit gut auszukommen, sind sie auf die Unterstützung der Eltern, von Erzieher/-innen und Lehrer/-innen angewiesen. Eine solche Unterstützung brauchen Kinder auch, um fähig zu werden, eine eigene nationale, kulturelle und – falls sie sich einmal dafür entscheiden – religiöse Identität zu entwickeln.

Was dies konkret heißt, wird im Folgenden für das pädagogische Handeln in Tageseinrichtungen für Kinder dargelegt.

1.3 Vom multireligiösen zum interreligiösen Ansatz

Multikulturell und multireligiös ausgerichtete pädagogische Arbeit zielt auf ein gleichberechtigtes Nebeneinander (Konvivens) von Menschen, die unterschiedlichen Kulturen und Religionen angehören.

Dagegen setzt die interkulturell und interreligiös ausgerichtete pädagogische Arbeit auf ein Miteinander, auf Interaktionen und Beziehungen, auf die Bildung von Gruppen und Gemeinschaften sowie auf gemeinsame Aktionen, ohne die Diversität unter den Beteiligten aufzuheben oder zu verdecken.

Aktuelle Entwicklungen

Die pädagogische Arbeit von Kindertageseinrichtungen mit Kindern ausländischer Herkunft hat eine lange Tradition. Be-

---

giösen zum interreligiösen Lernen. Wie Angehörige verschiedener Konfessionen lernen. Möglichkeiten und Grenzen interreligiöser Verständigung. Neukirchen: Neukirchener Verlag 1998, S. 123.

reits in den 50er Jahren kamen im Zuge der Anwerbung von Gastarbeitern zahlreiche ausländische Familien nach Deutschland, die ihre Kinder in die hiesigen Kindertageseinrichtungen brachten. In den 70er und 80er Jahren kamen die Migranten hauptsächlich aus den ehemaligen Anwerbeländern (Türkei, Griechenland, Italien, Portugal, Spanien und das ehemalige Jugoslawien); heute leben bei uns Menschen aus allen Ländern der Erde.

Im Laufe der Zeit wurden unterschiedliche pädagogische Konzepte für die Betreuung, Bildung und Erziehung der Kinder entwickelt.

Zunächst setzte man konsequent auf Assimilation: Die Kinder sollten sich in ihrem Sprachverhalten, beim Umgang mit deutschen Kindern und bei der Freizeitgestaltung ganz und gar der deutschen Sprache, den hier praktizierten Formen von Gemeinschaftsleben und den Freizeitgewohnheiten anpassen. Eine konsequente Integration in die hierzulande vorherrschenden Sozialgefüge und Lebensformen war das Ziel pädagogischer Arbeit.

Dieser pädagogische Ansatz wurde von einer multikulturell ausgerichteten Erziehungs- und Bildungsarbeit abgelöst. Diese Pädagogik wollte stärker die Eigenheiten, die kulturellen und ethnischen Prägungen der Migrantenkinder zur Geltung kommen lassen.

Der multikulturelle Ansatz verfolgte, auf den Punkt gebracht, zwei Ziele:

1. Migrantenkinder sollten darin unterstützt und gefördert werden, sich in der hiesigen Kultur und Gesellschaft zurechtzufinden und sich an die Bedingungen in diesem Land anzupassen. Ferner sollte durch eine Reduzierung sozialer Ungleichheit und durch die Schaffung einer größeren Chancengleichheit im Bildungs- und Ausbildungsbereich dafür gesorgt werden, dass sie ihren deutschen Altersgenossen nicht nachstehen müssen. Bei diesen zahlreichen, mit viel Engage-

ment und beachtlichen Investitionen durchgeführten Maßnahmen, die unter dem Begriff der „Ausländerpädagogik" zusammengefasst wurden, waren die betroffenen Kinder und Heranwachsenden meist die Objekte von Fürsorge und anwaltschaftlichem Engagement: Man sorgte für sie und setzte sich für sie ein.

2. Die deutschen Kinder sollten über die Länder und Kulturen, die Religionen, Werte und Normen, die Lebensgewohnheiten und Bräuche der Migrantenkinder aufgeklärt werden. Auch hierbei blieben die Migrantenkinder als „die Ausländer" Objekte von Darstellung und Aneignung.

Die multikulturell ausgerichtete Erziehungs- und Bildungsarbeit war schließlich eine Ursache dafür, dass hierzulande die Menschen – Kinder, Erwachsene, Familien – mit ihren je eigenen kulturellen und ethnischen Besonderheiten nebeneinanderher lebten. Die Kinder lernten in Kindertageseinrichtungen und Schulen manches über die Länder, Kulturen und Religionen ausländischer Kinder und ihrer Familien, aber dies führte noch nicht zu einem Miteinander. Nicht selten kam es zu Koloniebildungen von Deutschen und von Migranten je nach ihrer Landes- und Kulturzugehörigkeit. Das vertiefte die gegenseitigen Entfremdungen, die das gemeinsame Leben von Deutschen und Migranten in unmittelbarer Nachbarschaft und das pädagogische Arbeiten in Kindertageseinrichtungen und Schulen erschwerten. So tolerant und offen eine multikulturell ausgerichtete Pädagogik sich auch gab, unter der Hand wurden stereotype Bilder und Urteile von Migranten und bei den Migranten von den Deutschen produziert und tradiert. („Die Türken" sind so. Das ist „typisch deutsch".)

Seit etwa zehn Jahren werden Ansätze für eine interkulturelle und interreligiöse Erziehungs- und Bildungsarbeit entwickelt.

Diese setzen auf Austausch, Begegnung, Dialog, gemeinsame Aktionen, Lebens- und Arbeitsformen – und zwar von sich in vielem unterscheidenden, aber gleichberechtigten Personen, die ihr Miteinander selbst steuern und gestalten.

In der pädagogischen Praxis von Kindertageseinrichtungen, in Schulen und in Aktionsfeldern der offenen Kinder- und Jugendarbeit kann man heute alle drei Ansätze antreffen. Das macht manchmal die Kooperation schwer, denn zwischen einem Pädagogenteam, das nach dem Grundsatz der Assimilation verfährt, und Kolleginnen, die auf eine interkulturelle pädagogische Arbeit setzen, dürfte es nur mühsam zu einer Verständigung und gemeinsamen Arbeitsbasis kommen.

Doch in immer mehr Kindertageseinrichtungen werden in jüngster Zeit Konzepte für eine interkulturelle Erziehungs- und Bildungsarbeit entwickelt – in Bezug auf Themenfelder wie Sprachentwicklung, Erwerb sozialer Kompetenzen, Partizipation und Demokratielernen, Standpunktfindung zu Religion, Werten und Normen.

Solche in Kindertageseinrichtungen initiierten interkulturellen und interreligiösen Lernprozesse müssen in den Schulen und in der Jugendarbeit fortgesetzt werden. Nur so werden die nachwachsenden Generationen in der Lage sein, für ein friedliches Zusammenleben der Menschen in unserer sich kulturell und religiös immer mehr ausdifferenzierenden Gesellschaft zu sorgen.

Bei den bisherigen Ausführungen wurden interkulturelle und interreligiöse Erziehung stets in einem Atemzug genannt. Dies ist damit zu begründen, dass die Vielfalt der Religionen, die durch die Kinder und ihre Familien in den Kindertageseinrichtungen anzutreffen sind, einen integralen Bestandteil der kulturellen Vielfalt bildet. Diese wird häufig sogar erst durch die Zugehörigkeit zu unterschiedlichen Religionen nachhaltig manifest.

In den folgenden Kapiteln konzentrieren sich die Ausführungen auf die Grundlegung und Praxis interreligiöser Erziehung in Kindertageseinrichtungen.

2 Interreligiöse Erziehung in Kindertageseinrichtungen

2.1 Religion – Umschreibung eines facettenreichen Begriffs [4]

Im Mittelpunkt interreligiöser Erziehung stehen die Kinder und die Religionen, denen sie angehören. Für das Gelingen interreligiöser pädagogischer Arbeit ist es ratsam, sich bewusst zu machen, was der Begriff „Religion" beinhaltet. Denn aus den verschiedenen Aspekten dieses Begriffs lässt sich schließen, welche Bedeutung eine Religion für Menschen haben kann.

Aus einer solchen Reflexion heraus lassen sich auch erste Schlussfolgerungen für die Praxis interreligiöser Erziehung ziehen.

Eine Verdeutlichung des Wesens und der Bedeutung von Religion ist schließlich auch sinnvoll, um sich als Erzieher/-in über die eigene Beziehung zur Religion und zum religiösem Leben klar zu werden, was für jedes religionspädagogische Handeln und erst recht für interreligiöse Erziehung notwendig ist.

Religion beinhaltet zum einen die Beziehung des Menschen zu einem übergeordnetem Göttlichen. Dieses Göttliche ist für manche namenlos, jenseits des menschlichen Vorstellungsver-

---

[4] Die Ausführungen zum grundsätzlichen Verständnis von Religion und religiöser Erziehung sind angelehnt an die Sichtweise und Argumentation in: Religion für alle Kinder? Konfessionslose und andersgläubige Kinder in katholischen Kindertageseinrichtungen. Ansätze und Materialien für die religiöse Erziehung. Redaktion: Matthias Hugoth. Freiburg: Verband Katholischer Tageseinrichtungen für Kinder (KTK) – Bundesverband 2003. Dort ausführlichere Reflexionen zur Begründung und Praxis religiöser Erziehung, allerdings speziell bezogen auf konfessionslose Kinder.

mögens, abstrakt und wird dann mit ebenso abstrakten Begriffen bezeichnet („Göttliche Macht“, „Das Transzendente“, „Das Absolute“, „Das Sein an sich“). Für andere ist das Göttliche eine Person. Sie sehen es als ein Gegenüber, das man ansprechen, zu dem man beten, auf das man seine Hoffnungen richten kann, vor dem manche aber auch Angst haben. Wieder andere glauben, dass sich dieses göttliche Gegenüber den Menschen mitgeteilt („geoffenbart“) hat. Zu diesen gehören vor allem Juden, Christen und Muslime. Sie finden Antworten auf ihre Fragen nach dem Woher und Wozu des Lebens, nach Sinn und Ziel, nach dem Grund von Hoffnung und Liebe in den Botschaften Gottes, seinen Weisungen und Verheißungen. Zu diesem Gott beten sie, sie verwenden Symbole und Riten, um ihre Beziehung zu ihm auszudrücken, und feiern religiöse Feste.

Religion als Beziehung zu einem göttlichen Gegenüber ist zunächst Sache des einzelnen Menschen. Er bestimmt auch die Intensität dieser Beziehung und den Stellenwert, den sie in seinem Leben hat. Das hängt zudem davon ab, wie das göttliche Gegenüber für ihn erfahrbar oder zumindest vorstellbar wird.

Neben dieser individuellen Gestalt von Religion als Beziehung des Menschen zu einem göttlichen Gegenüber hat Religion auch eine soziale Gestalt: die Gemeinschaft von Menschen, die sich zu einem bestimmten Glauben bekennen, die diesem Glauben in Bildern und Symbolen, in Riten und Bräuchen, in Bekenntnissen, Gebeten und Festen, in bestimmten Lebensformen und sozialen Ordnungen einen Ausdruck geben. Die Art und Weise, wie die Zugehörigkeit zu einer Religion gelebt wird, und der Stellenwert, den sie für die Mitglieder hat, kann sehr unterschiedlich sein. Für manche ist diese Zugehörigkeit ein wichtiges Moment ihrer Identität, viele erfahren sie als eine spirituelle Beheimatung. Für andere ist ihre Religion und die Gemeinschaft ihrer Mitglieder wichtig, weil sie daraus einen „Nutzen“ ziehen:

Sie finden Halt und Orientierung, ethische Werte und Normen, ein soziales Gefüge, in dem man füreinander sorgt.

Aus dieser groben Umschreibung dessen, was mit „Religion" gemeint ist, lassen sich bereits einige Schlüsse für die religionspädagogische Arbeit in Kindertageseinrichtungen ziehen:

- Offensichtlich spielt Religion für viele Menschen bei der Suche nach Antworten auf ihre Lebensfragen eine bedeutende Rolle. In ihrer persönlichen Beziehung zu einem göttlichen Gegenüber, in den Glaubensaussagen, den Bildern und Symbolen der Religion, der sie angehören, finden sie Orientierungen und Perspektiven für ihr Leben.
  Religiöse Erziehung hat die Aufgabe, den Kindern die Chance offen zu halten, in einer Religion Antworten, Zuspruch, Weisung und Hilfe sowie eine spirituelle Beheimatung zu finden. Das heißt: Religiöse Erziehung muss den Kindern eine Religion – in unserem Kulturraum ist dies sinnvollerweise die christliche – bekannt machen.
- Religion als Beziehung zu einem göttlichen Gegenüber und als Gemeinschaft von Menschen desselben Glaubens ist offensichtlich für viele Menschen für die Gestaltung ihres sozialen Lebens von zentraler Bedeutung. Religiöse Erziehung muss von einem spürbaren Respekt der Erzieher/-innen vor einer solchen religiösen Ausrichtung bestimmt sein. Das trifft besonders dann zu, wenn die Kinder und ihre Familien einer anderen Religion angehören als die Erzieher/-innen.
- Für viele Menschen ist es wichtig, dass sie zu einer ganz bestimmten Religion gehören.
  Für die religiöse Erziehung genügt es nicht, wenn die Erzieher/-innen sich lediglich ein Wissen über die anderen Religionen aneignen. Sie sollten sich auch vergewissern, was dem anderen an seiner Religion „wert und heilig" ist und sich damit auseinander setzen, wie dem bei der religiösen Erziehung Rechnung getragen werden kann.

- Die Zugehörigkeit zu einer bestimmten Religion hat zur Folge, dass ihre Glaubensinhalte, Werte und Normen, ihre Festzeiten, ihre soziale Ordnung für viele Mitglieder bindend sind und eine lebensgestaltende Funktion haben.
  Bei der religiösen Erziehung von Kindern mit unterschiedlicher Religionszugehörigkeit, sind die Vorgaben und Regeln ihrer Religion zu respektieren.

Diese Schlussfolgerungen für die religiöse Erziehung, die sich bereits aus einer Beschreibung des Begriffs „Religion" ergeben, werden in den nächsten Kapiteln wieder aufgegriffen und differenzierter erörtert.

2.2 Religiöse Erziehung – was damit gemeint ist

In den meisten Büchern und Zeitschriftenbeiträgen, die sich mit religiöser Erziehung befassen, nehmen die Autorinnen und Autoren auch eine Umschreibung dessen vor, was unter religiöser Erziehung grundsätzlich zu verstehen ist. Dabei setzen sie unterschiedliche Akzente. Für unsere Überlegungen zur religiösen Erziehung in Kindertageseinrichtungen ist es nicht erforderlich, alle diese Schattierungen einzubeziehen. Unsere Begriffsbestimmung stellt den kleinsten gemeinsamen Nenner dar, auf den sich Erzieher/-innen sowohl von kirchlichen als auch von konfessionell ungebundenen Kindertageseinrichtungen verständigen können, unabhängig davon, ob sie viel Wert auf eine religiöse Erziehung legen oder ob sie dieser keine große Bedeutung beimessen.

Mit dieser begrifflichen Bestimmung soll lediglich umrissen werden, worum es sich bei religiöser Erziehung grundsätzlich handelt.

Religiöse Erziehung ist die Initiierung, Begleitung und Unterstützung von Lernprozessen, in denen Bezüge zu einer Religion hergestellt werden. Diese Bezugnahme kann von den Erzieher/-innen oder von den Kindern selbst angestoßen werden. Sie kann ausdrücklich erfolgen durch die Behandlung religiöser Inhalte, durch die Verwendung religiöser Sprachformen und Symbole, das Durchführen religiöser Riten, das Feiern religiöser Feste, das Handeln nach religiös begründeten Werten und Normen. Oder sie erfolgt indirekt beispielsweise durch die Art des Umgangs miteinander, durch den Geist, aus dem heraus in einer Kindertageseinrichtung gelebt und gehandelt wird, durch die Verwendung von ursprünglich in einer Religion beheimateten Sprachspielen, Bildern und Symbolen; ohne dass allerdings bei alldem ausdrücklich auf diese Religion Bezug genommen wird.

Um *religiöse Lernprozesse* handelt es sich dann,

- wenn die Kinder sich Wissen über eine Religion oder über mehrere Religionen aneignen (*kognitiver Aspekt*),
- wenn die Kinder ihre Beobachtungen, Fragen und Meinungen in Bezug zu den Botschaften einer Religion setzen können bzw. durch die Erzieher/-innen erfahren, wie sich solche Erklärungszusammenhänge herstellen lassen; wenn sie also Antworten, Begründungen und Sinndeutungen finden und sich damit auseinander setzen (*rationaler Aspekt*),
- wenn Kinder für die Beurteilung der eigenen Verhaltens- und Handlungsweisen und der von anderen Menschen Anhaltspunkte in den Werten und Normen einer Religion finden (*ethischer Aspekt*),
- wenn sie mit Bildern, Symbolen und Riten einer Religion vertraut werden und lernen, mit ihnen auch ihre eigenen religiösen Empfindungen, ihre Überzeugungen, Gedanken und Gefühle zum Ausdruck zu bringen (*symbolischer Aspekt*),

- wenn sie in der Botschaft einer Religion, in ihren Liedern, Gebeten, Symbolen und Ritualen und in der Gemeinschaft derer, die ihr angehören, Trost, Zuspruch, Ermutigung, Versöhnung und Weisung entdecken lernen (*psychologischer Aspekt*),
- wenn sie am gemeinschaftlichen Leben der Menschen teilhaben können, die einer Religion angehören, oder zumindest verstehen können, dass und wie Menschen für ihr Zusammenleben Religion wichtig nehmen (*sozialer Aspekt*),
- wenn sie in den Inhalten und Traditionen einer Religion Wahrheiten über Gott, die Welt, den Menschen und sich selbst zu entziffern lernen (*philosophischer Aspekt*).

Die religiösen Lernprozesse, die durch religiöse Erziehung in Gang gesetzt, begleitet und gefördert werden, führen dazu, dass Kinder mit der Welt einer Religion vertraut werden. Dies ist die Voraussetzung dafür, dass sie einmal in der Lage sind, sich dafür oder dagegen zu entscheiden, dass diese Religion ihre geistige, psychische und soziale Heimat wird. Damit die Kinder ferner einmal fähig sind, als Angehörige einer Religion deren Lebensformen mitzugestalten und Verantwortung zu übernehmen, wird ihnen in der religiösen Erziehung ein Raum geboten, in dem sie die Möglichkeit haben, religiöse Vollzugsformen auszuprobieren und einzuüben.

Auf diese Weise kann religiöse Erziehung erheblich zur Selbstwerdung und zur Entwicklung einer Ich-Identität beitragen. Hierhin liegt eine wesentliche Legitimation für eine religiöse Erziehung in Kindertageseinrichtungen.

2.3 Grundsätze und Leitlinien der interreligiösen Erziehung

Bis zu der sich heute allmählich durchsetzenden Praxis der interreligiösen Erziehung waren ähnliche Prozesse notwendig, wie wir sie bereits bei der Entwicklung von der multi- zur interkulturellen Erziehung festgestellt haben.

Lange Zeit wurde bei der religiösen Erziehung in Kindertageseinrichtungen ausschließlich nach dem *monoreligiösen Ansatz* verfahren, demzufolge die Vermittlung der zentralen Lehren einer bestimmten Religion dominierte und die anderen Religionen lediglich zum Vergleich herangezogen wurden. Er ließ den nicht-christlichen Kindern nur die Alternative, sich anzupassen und mitzumachen oder sich während der Zeit, in der christlich-religiöse Erziehung praktiziert wurde, zurückzuziehen.
Dazu haben sich heute zwei Alternativen herausgebildet:

- Eine Alternative stellt der *multireligiöse Ansatz* dar, nach dem alle in der Einrichtung vertretenen Religionen nach ihrer Geschichte, ihren Lehren und Aussagen, ihren Bräuchen und Sitten befragt und miteinander verglichen werden. Dabei kommt Verwandtes und Gemeinsames ebenso zum Vorschein wie das spezifisch Andere jeder Religion. In der Regel wird dann versucht, auf der Basis der entdeckten Gemeinsamkeiten das Alltagsleben miteinander zu gestalten. Das Besondere und von den anderen Religionen jeweils Abweichende wird möglicherweise benannt, bleibt aber eigentlich ohne Relevanz für die gemeinschaftlichen Lebensvollzüge.
  Der multireligiöse Ansatz entspricht zum Teil dem Verständnis von religiöser Erziehung als Hilfe zum Leben. Er geht von dem aus, was die Religionen an Zuspruch, Ermutigung, ethischen Orientierungen und Sinnvorgaben beinhalten. Auf die Kinder in der Tageseinrichtung bezogen heißt das, ihnen zu helfen, ansetzend bei ihren Alltagserfahrungen, ihren Fragen und Bedürfnissen, jeweils in ihrer Religion Antworten und

Anhaltspunkte zu finden. So werden sie mit ihrer Religion vertraut, so ist es ihnen möglich, eine eigene religiöse Identität zu entwickeln.

- Der multireligiöse Ansatz lässt sich leicht in den *interreligiösen Ansatz* überführen. Wenn Kinder mit verschiedenen Religionen bekannt gemacht werden, vergleichen sie diese mit ihrer eigenen Religion. Das Austauschen, Anteilnehmen, Mitmachen und – wo es möglich ist – das Herausbilden gemeinsamer religiöser Vollzugsformen entspricht dem interreligiösen Ansatz. Er zielt darauf, mit der eigenen Religion vertraut zu werden, zugleich aber in einen Austausch mit denen zu treten, die einer anderen Religion angehören. So wird Begegnung möglich, die im vergleichenden Miteinander die eigenen religiösen Ansichten und Lebensformen vertiefen, zugleich aber auch den Horizont erweitern kann. Das Finden von Gemeinsamkeiten bei gleichzeitigem Gewahrwerden der Eigenheiten und spezifischen Merkmale der Religion, in der man zu Hause ist, kann neue Formen von Beziehung und Gemeinschaft hervorbringen und die Menschen, die sich auf diesen Prozess einlassen, bereichern.

Für die interreligiöse Praxis in Tageseinrichtungen für Kinder heißt dies: Die Mitarbeiterinnen und Mitarbeiter sollten dafür Sorge tragen, dass Kinder unterschiedlicher Kulturen und Religionen in einer Atmosphäre der Offenheit und Toleranz miteinander umgehen lernen. Dass es Orte und Vorgänge gibt, wo die Beobachtungen, Erlebnisse, Fragen der Kinder bezüglich des Glaubens ihrer Eltern und Familien zur Sprache gebracht werden können. Wo gemeinsam Symbole und Rituale vollzogen werden und es möglich ist, sich über das auszutauschen, was den einen am Glauben des anderen anspricht, was gefällt, was fremd ist oder was vielleicht sogar Angst macht. Wichtig ist vor allem, dass die Kinder erleben, was gemeinsam und verbindend sein kann, dass es möglich ist, an den besonderen Ausdrucksformen, Festen und Lebensweisen des anderen teilnehmen zu können und diesen ebenso Einblick zu geben in das Leben der eigenen Religion.

Es geht nun darum, Grundsätze und Leitlinien für eine interreligiöse Religionspädagogik von Kindertageseinrichtungen zu formulieren, die Zielvorgaben und Qualitätskriterien für die anschließend aufgezeigte Praxis interreligiöser pädagogischer Arbeit enthalten. Die zunächst abstrakt formulierten Grundsätze und Leitlinien werden bei den Ausführungen zur Praxis konkretisiert und bebildert.

Grundsätze einer interreligiösen Religionspädagogik für Tageseinrichtungen für Kinder

Tageseinrichtungen für Kinder, die interkulturelle Erziehungs- und Bildungsarbeit praktizieren und dabei Wert auf interreligiöse Erziehung legen, gehen davon aus, dass ihre Einrichtungen „Lernorte des Glaubens“ für Kinder, Eltern und Erzieher/-innen sind. Deshalb zielt interreligiöse Religionspädagogik vor allem auf die Reflexion und die Gestaltung von Lernprozessen ab.

Bevor Grundsätze für diese Lernprozessgestaltung und Leitlinien für das dazu erforderliche Verhalten der Erzieher/-innen formuliert werden, soll umrissen werden, was unter „interreligiöser Erziehungs- und Bildungsarbeit“ zu verstehen ist.

> Lernprozesse bei Kindern unterschiedlicher religiöser Zugehörigkeit zu initiieren, die sie mit der Welt der Religionen bekannt machen, die sie das jeweils Spezifische und Unterscheidende der Religionen wahrnehmen und Gemeinsamkeiten entdecken lassen, die sie dazu befähigen, einander mit Offenheit, Interesse und Toleranz zu begegnen und auch das, was trennt und unvereinbar ist, auszuhalten.

Lernprozesse bei Kindern unterschiedlicher religiöser Zugehörigkeit zu initiieren, durch die ihnen begreiflich wird, welche Bedeutung Religion an sich und die Religionen in ihrer unterschiedlichen Ausprägung für das Leben der Menschen, für eine wertorientierte Gestaltung des gesellschaftlichen Lebens, für Frieden und Humanität, für Kunst, Literatur und Musik haben.

Für die Praxis interreligiöser Religionspädagogik gilt:
Das initiierte interreligiöse Lernen ist in erster Linie ein interaktives Geschehen, es ereignet sich zwischen den Angehörigen verschiedener Religionen. Sodann erfolgt interreligiöses Lernen als Reflexion dieser zwischenmenschlichen Aktionen und als Aneignung von Informationen und Wissen über die anderen Religionen.
Das heißt konkret:

- Interreligiöses Lernen ist nur möglich, wo sich Mitglieder verschiedener Religionen in der täglichen Lebenspraxis begegnen und wo ihr Glaube zur Sprache kommt. Für Kinder sind die Kindertageseinrichtung und die Schule die hierfür am meisten geeigneten Orte.
- Interreligiöses Lernen erfolgt durch die Teilhabe der Kinder an den religiösen Überzeugungen, Bildern, Symbolen, Riten und Lebensformen der anderen Kinder und ihrer Familien.
- Interreligiöses Lernen geschieht als Vermittlung von Wissen über die Welt der Religionen und als ein Reflektieren der eigenen Religion im Vergleich mit anderen religiösen Überzeugungen und Traditionen.
- Interreligiöses Lernen setzt zum einen bei den Beobachtungen, Erfahrungen, Fragen und Auffassungen der Kinder an und berücksichtigt dabei ihre jeweilige konkrete Lebenssituation. Zum anderen geht es von aktuellen, von außen vorgegebenen Anlässen aus – beispielsweise von den in den Festtagskalendern vorgesehenen Festen, Feiern und Bräuchen und

von Veranstaltungen und Aktionen im Umfeld ihrer Einrichtung.

- Zu den Akteuren interreligiöser Lernprozesse in Kindertageseinrichtungen gehören die Kinder, die Erzieher/-innen und die Eltern der Kinder. Ihre Rollen und Funktionen können dabei wechseln, je nachdem, um welche Interaktionen und Themen es sich konkret handelt. Oft sind auch nur die Kinder miteinander die Akteure, während die Funktion der Erzieher/-innen sich auf Anregung, Begleitung und Unterstützung beschränkt.
- Interreligiöse Lernprozesse zeichnen sich durch Lebensnähe, Lebendigkeit und Anschaulichkeit aus. Deshalb werden Texte, Lieder, Bilder, Symbole der Religionen, werden Medien und Materialien verwendet.
- Interreligiöse Lernprozesse sollten in Dialog- und Begegnungsprozesse zwischen den Angehörigen unterschiedlicher Religionen im Umfeld der Einrichtungen eingebunden werden.
- Bei der Initiierung, Begleitung und Förderung interreligiöser Lernprozesse müssen die Erzieher/-innen auf Unterstützung zurückgreifen können: durch den Träger, durch Fachberatung, durch Fortbildung und durch Personen, die als Experten für spezifische Fragestellungen herangezogen werden können.
- In die interreligiösen Lernprozesse sind auch die Erzieher/-innen selbst einbezogen, indem sie ihre Kenntnisse von und ihre Erfahrungen mit den unterschiedlichen Religionen vertiefen, ihre eigene religiöse Biographie überdenken und – unter Umständen inspiriert durch die Begegnung mit Menschen anderen Glaubens – neue eigene Formen von Religiosität entwickeln.
- Bei den interreligiösen Lernprozessen in der Kindertageseinrichtung spielen die Eltern häufig eine mitgestaltende Rolle. Die konkreten Formen und die Intensität dieses Engage-

ments werden zwischen den Erzieher/-innen und den Eltern abgestimmt.

- Interreligiöse Lernprozesse werden als Beitrag zu einer interkulturell und interreligiös ausgerichteten Gesinnung und Praxis der Menschen im Umfeld der Tageseinrichtungen verstanden und deshalb auch auf die Lebenswelt der Kinder ausgerichtet.
- Interreligiöse Lernprozesse in kirchlichen Kindertageseinrichtungen sind ein Beitrag zur Ökumene christlicher Gemeinden mit Vertretern anderer Religionen.

Leitlinien für das Verhalten von Erzieher/-innen

- Interreligiöse Erziehung wird als ein wesentliches Element der interkulturellen pädagogischen Arbeit in der Konzeption der Kindertageseinrichtung verankert.
- Der Austausch über Erfahrungen mit interreligiöser Erziehung ist ein kontinuierlicher Bestandteil von Teamgesprächen. Dabei werden auch die persönlichen Lerngeschichten der Erzieher/-innen zur Sprache gebracht.
- Über die Erfahrungen vom Umgang mit Kindern und Eltern, die anderen Religionen angehören, hinaus beobachten Erzieher/-innen auch die religiöse Pluralität und die aktuellen Entwicklungen außerhalb ihrer Einrichtung – in der Lebenswelt der Kinder, in ihrer eigenen Lebenswelt, im unmittelbaren Umfeld ihrer Einrichtung. Erzieher/-innen machen sich bewusst, wie sich diese Entwicklungen auch auf ihre interreligiöse Erziehungs- und Bildungsarbeit auswirken können, was für diese förderlich ist und was sie erschweren kann.
- Erzieher/-innen überprüfen ihre eigenen Einstellungen zu den nichtchristlichen Religionen. Sie machen sich bewusst, welche Erfahrungen sie bisher mit Angehörigen anderer Reli-

gionen gemacht haben und wie sich diese Erfahrungen auf ihre Einstellungen zu Andersgläubigen auswirken.

- Die Erzieher/-innen, die interreligiöse Lernprozesse initiieren und begleiten, wissen um die Notwendigkeit, ihre Kenntnisse über die Religionen zu vertiefen. Sie machen sich bewusst, woher ihre bisherigen Kenntnisse stammen und wie diese das Bild von den Menschen geprägt haben, die anderen Religionen angehören. Sie eignen sich neues Wissen nicht nur additiv an, sondern sind bemüht, dieses in Beziehung zu ihren realen Erfahrungen mit den Kindern und ihren Eltern zu setzen und zu begreifen, welche Bedeutung einzelne Momente ihrer Religion für sie haben.
- Die Erzieher/-innen reflektieren auf dem Hintergrund ihrer Erfahrungen mit Angehörigen anderer Religionen ihre eigene religiöse Biographie und machen sich klar, welche Bedeutung die Religion, in dessen Einflussbereich sie leben, für sie persönlich und für ihr Leben hat.
- Christlich orientierte Erzieher/-innen vergegenwärtigen sich die Inhalte, Ausdrucksformen und Bedeutung des christlichen Glaubens für die Menschen hierzulande. Sie überprüfen ihre pädagogische Praxis daraufhin, ob und auf welche Weise diese insgesamt von Vorgaben der christlichen Religion bestimmt ist. Sie nehmen die Offenheit für die Begegnung mit Andersgläubigen als ein wesentliches Element des christlichen Glaubens wahr und ernst.
- Bei der Beschäftigung mit der eigenen und mit anderen Religionen achten Erzieher/-innen auf das, was diese voneinander unterscheidet, aber auch auf das, was gemeinsam und verbindend ist.
- Erzieher/-innen lassen sich auch auf eine persönliche Begegnung mit anderen Religionen ein und sind offen für eine Erweiterung ihres religiösen Horizontes und eine mögliche Bereicherung ihrer eigenen Spiritualität (= Leben aus dem Geist des Glaubens).

- Die Erzieher/-innen, die interreligiöse Lernprozesse initiieren und begleiten, haben Visionen und Ziele für ihre Arbeit. Mit ihrem Engagement wollen sie nicht nur den Kindern die Welt der Religionen vertraut machen, die gegenseitige Teilhabe an ihrem jeweiligen Glauben ermöglichen, Begegnungs- und gemeinsame Lernprozesse initiieren; sie wollen auch dazu beitragen, dass in ihrer Einrichtung ein Geist (Spiritualität) der Offenheit, des gegenseitigen Interesses, der Wertschätzung und Toleranz spürbar wird.

Diese recht allgemein und damit abstrakt formulierten Grundsätze und Leitlinien sollen zum einen Anhaltspunkte bieten, an denen sich die Konzeption und die Praxis interreligiöser Erziehung in Kindertageseinrichtungen ausrichten kann – wobei nicht alle Leitlinien gleichermaßen zutreffen müssen. Sie bieten eine Grundlage für Austausch und Gespräch im Team und für eine Vergewisserung darüber, wo eine Einrichtung mit ihrer interreligiösen Erziehung steht.

Einzelne Leitlinien können allerdings auch als eine spezifische Maßgabe für die Praxis interreligiöser Erziehung gelten. Eine solche pädagogische Praxis wird in den folgenden Kapiteln hinsichtlich ihrer Voraussetzungen und Ziele, ihrer Methoden und Arbeitsweisen detailliert erörtert.

3 Interreligiöse Erziehung in der pädagogischen Praxis

Bevor dargelegt wird, wie die soeben formulierten Grundsätze und Leitlinien sich praktisch umsetzen lassen, sind noch zwei Hinweise notwendig:

Der Begriff „Kindertageseinrichtung“ ist eine Sammelbezeichnung für unterschiedliche Erziehungs-, Bildungs- und Betreuungseinrichtungen der Jugendhilfe, die von Kindern vom ersten bis zum vierzehnten Lebensjahr besucht werden. Das Gros dieser Einrichtungen bilden die Kindergärten; hier werden in der Regel Kinder zwischen dem dritten und sechsten Lebensjahr aufgenommen. Manche Kindergärten haben auch altersgemischte Gruppen mit Kindern unter drei und über sechs Jahren. Zu den Kindertageseinrichtungen gehören ferner Krippen für Kinder unter drei Jahren (sie werden in den folgenden Ausführungen allerdings nicht eigens berücksichtigt), Horte als Tageseinrichtungen für Schulkinder, Kinderhäuser, in denen Kindergarten, Hort und oft noch eine Krippe unter einem Dach untergebracht sind.

Die folgenden Darlegungen zur Praxis interreligiöser Erziehung beziehen sich auf die Altergruppe der Kindergarten- und Schulkinder bis vierzehn Jahren. Wo sich Maßnahmen und Arbeitsweisen auf Kinder im Schulalter beziehen, wird dies eigens hervorgehoben.

Die Bezeichnung „interreligiöse Erziehung“ ist nicht in erster Linie, wie mit dem Begriff der Erziehung häufig assoziiert wird, als ein von den Erzieher/-innen ausgehendes zielgerichtetes Handeln zu verstehen, das darauf abzielt, dass die Kinder Kenntnisse, Kompetenzen und Fertigkeiten lernen. Der Begriff meint – wie bereits oben ausgeführt – das Initiieren, Unterstützen und

Begleiten von interreligiösen Lernprozessen, deren Akteure in erster Linie die Kinder selbst sind. Der Begriff „interreligiöse Erziehung“ wurde hier beibehalten, weil er sich in der Fachdiskussion eingebürgert hat.

3.1 Sinn und Ziel interreligiöser Erziehung

Interreligiöse Erziehung in Kindertageseinrichtungen ist ein elementarer Bestandteil ihrer interkulturellen pädagogischen Arbeit. Diese wiederum ist sinnvoll und notwendig als Vorbereitung der Kinder auf die Gestaltung gemeinsamer Lebens- und Arbeitsprozesse in einer multikulturellen Gesellschaft. Die Sinnhaftigkeit interreligiöser Erziehung ergibt sich also allein schon aus der Tatsache, dass Religion ein wesentlicher Bestandteil aller Kulturen ist und somit bei der Frage nach dem Gelingen des Zusammenlebens von Menschen mit unterschiedlicher kultureller Prägung stets mitbedacht werden muss.

Für die Entwicklung pädagogischer Konzepte interkulturellen Lernens wäre die Vernachlässigung von Ansätzen und Methoden des interreligiösen Lernens unverantwortlich. Denn „Religion ist die Tiefendimension der eigenen Kultur und damit auch heute noch ein gesellschaftlich wirksamer Faktor. Unser Menschenbild, unsere Vorstellungen von Gut und Böse, Anfang und Ende des Lebens sind geprägt vom jeweiligen religiösen Hintergrund. Das Ausklammern religiöser Themen vergrößert die Sprachlosigkeit, tabuisiert Religion, ohne sie damit aus der Welt zu schaffen. Das Ergebnis ist vergleichbar der Tabuisierung der Sexualität früherer Jahrzehnte.

Das allgemeine Ziel interkulturellen Lernens, die Vorbereitung auf ein Leben in einer multikulturellen Gesellschaft von Kindheit an, bezieht sich also zwingend auch auf die Beschäftigung mit der religiösen Vielfalt innerhalb dieser multikulturellen Gesellschaft. Kultur und Religion sind letztlich nicht zu trennen. Jeder Kulturkreis ist durch und durch geprägt durch die zugrunde liegende Religion oder auch Religionen, selbst wenn die Religion im Alltag dieser Kulturen keine entscheidende Rolle mehr spielt".[5]

Der Sinn interreligiöser Erziehung ergibt sich *aus der Notwendigkeit interkultureller Erziehung.* Beide tragen dazu bei, dass Kinder unterschiedlicher nationaler und kultureller Herkunft und Religionszugehörigkeit soziale Beziehungen, Interaktionen und gemeinschaftliche Lebensformen kennen und zu gestalten lernen. So werden die Voraussetzungen dafür geschaffen, dass sie einmal Verantwortung für das Zusammenleben und -wirken der Menschen in multikulturell und -religiös besetzten Lebens- und Arbeitsfeldern übernehmen.

Zum anderen ergibt sich der *Sinn interreligiöser Erziehung* aus der Bedeutung, die *religiöse Erziehung in Kindertageseinrichtungen grundsätzlich* hat – Religion als einen Bereich menschlichen Lebens zu erschließen, in dem Antworten auf die Lebensfragen der Menschen, eine Basis für die Lebensausrichtung und -gestaltung, Orientierung für das Verhalten und Handeln und gemeinschaftliche Bezüge mit anderen Menschen desselben Glaubens gefunden und erfahren werden können.

Aus dieser groben Sinnzuschreibung lassen sich die *Ziele interreligiöser Erziehung* ableiten (analog zu den oben vorgestellten generellen Zielen religiöser Erziehung im Elementarbereich):

- Die Kinder erhalten einen Zugang zur Welt der Religionen und sollen von diesen möglichst viel erfahren. Bei Schulkindern kann das, was sie im Unterricht bereits von den Religionen gelernt haben, durch die Begegnung mit Angehörigen dieser Religionen (andere Kinder und ihre Eltern) und durch detailliertes Eingehen auf Fragen und Meinungen vertieft

[5] Dietmar Böhm u. a., Handbuch Interkulturelles Lernen. Theorie und Praxis für die Arbeit in Kindertageseinrichtungen. Freiburg: Herder Verlag 1999, S. 44.

werden. Durch unterschiedliche Erklärungsansätze lernen Kinder im Schulalter, sich zu den einzelnen Fragestellungen eine eigene Meinung zu bilden (*kognitive und rationale Funktion interreligiöser Lernprozesse*).

- Den Kindern wird bewusst, dass die Menschen aus anderen Ländern sich nicht nur in ihrem Aussehen, ihrer Sprache, ihrer Alltagsgestaltung und ihrem Familienleben voneinander unterscheiden, sondern meist auch dadurch, dass sie einer anderen Religion angehören. Die Kinder nehmen wahr, dass diese Diversität unterschiedliche Empfindungen in ihnen auslöst – von Befremden, Angst und Vorurteilen über Neugier und Interesse bis hin zu Offenheit und Vertrauen – und dass sie selbst Ähnliches bei den anderen bewirken. Sie erleben, dass es Trennendes und Unversöhnliches zwischen Menschen geben kann. Sie entdecken neben den Unterschieden aber auch das Gemeinsame und Verbindende zwischen sich und den anderen und lernen, miteinander Beziehungen einzugehen (*affektive und psychologische Funktion*).
- Die Kinder lernen, dass zu einem guten Auskommen miteinander Einstellungen wie Offenheit und Toleranz, Interesse und Sympathie wichtig sind und dass alle Beteiligten zu dem Gelingen solcher Beziehungen beitragen müssen. Dazu aber ist es notwendig, sich bewusst zu machen, dass zwischen Menschen immer wieder Vorurteile und demzufolge Vorbehalte entstehen, und zu lernen, wie diese abgebaut werden können (*ethische Funktion*).
- Die Kinder lernen, mit Kindern, die einer anderen Religion angehören, etwas Gemeinsames zu unternehmen. Das betrifft neben dem Spiel und anderen alltäglichen Unternehmungen vor allem solche, die mit Religion zu tun haben wie das Feiern von Festen (*soziale und handlungsleitende Funktion*).
- Die Kinder machen die Erfahrung, dass in allen Religionen Symbole, Riten und Feste eine zentrale Bedeutung für die Glaubensinhalte haben, und wie man über das Kennenlernen

dieser Symbole und das Mitfeiern von Festen einen Zugang zu diesen Religionen finden kann (*symbolische Funktion*).

- Kinder lernen durch die Begegnung mit andersgläubigen Kindern und Familien den eigenen bzw. den in unserem Land beheimateten christlichen Glauben besser kennen und unter Umständen vertiefen. Sie fragen nach der besonderen Bedeutung der bei uns vorherrschenden Religion und wie diese sich zu den anderen Religionen verhält, was Christen zum christlichen, Muslime zum islamischen Glauben finden lässt (*philosophische und spirituelle Funktion*).

Die Gewichtung dieser Ziele dürfte in den Kindertageseinrichtungen unterschiedlich sein. Das hängt zum einen davon ab, welchen Stellenwert die religiöse Erziehung innerhalb der pädagogischen Arbeit einer Einrichtung hat. Zum anderen können die Erwartungen der Eltern, das Alter der Kinder und die Lebenszusammenhänge für die Konkretisierung dieser Ziele maßgebend sein.

3.2 Interreligiöse Praxis

Im Folgenden werden Möglichkeiten und Formen vorgestellt, wie die soeben beschriebenen Ziele in der pädagogischen Praxis von Kindertageseinrichtungen umgesetzt werden können. Dabei geht es zunächst um die Formulierung praktischer Konsequenzen. Die für ein Gelingen dieser Praxis notwendigen Voraussetzungen werden im Anschluss daran erörtert.

Die Beschreibung der Praxisfelder interreligiöser Erziehung erfolgt entlang dieses Fragerasters:

- Welches *Lernziel* soll erreicht werden?
- Welche *Inhalte* werden behandelt?
- Welche *Methoden und Arbeitsweisen* werden angewandt?
- Wie lässt sich das alles an einem *Beispiel* veranschaulichen?

Die anderen Religionen wahrnehmen (kognitiver Aspekt)

Im Hinblick auf die Wahrnehmung der anderen Religionen besteht *das Lernziel* interreligiöser Erziehung darin, dass es nicht bei oft zufälligen und momenthaften Begegnungen der Kinder mit Menschen anderer Religion bleibt, sondern dass die Kinder andere Religionen intensiver kennen lernen und sich zusammenhängend mit ihnen befassen. Sie sollen ihr Wissen von den unterschiedlichen Religionen erweitern und sich mit diesen vertraut machen. Das bedeutet: Es geht nicht um das Addieren von Wissensmomenten, sondern um das Begreifen, was die Inhalte einer Religion, ihre Symbole, Riten und Bräuche, ihre ethischen Gebote und Weisungen bedeuten. Es geht um Einsichten, wie die Religionen die Lebensweisen der Menschen bestimmen und wie es diesen damit geht.

Inhaltlich geht es um das Kennenlernen von Einzelheiten aus den unterschiedlichen Religionen – beispielsweise um das Wissen darüber, woran die Angehörigen dieser Religionen glauben, ob sie einen Gott verehren und welchen, wie sie dies tun, welches Bild sie von der Schöpfung und vom Menschen haben, wonach sich die Menschen in ihrem Verhalten und Handeln richten, welche bedeutenden Gestalten es in ihrer Religion gibt.

Für das Erfassen solcher Inhalte und ihrer Bedeutung für das Leben der Menschen bieten sich verschiedene *Methoden und Arbeitsweisen* an. Ausgangspunkt für die Beschäftigung mit den Religionen sind entweder die Beobachtungen, Fragen und Ansichten der Kinder oder Vorgaben der Erzieher/-innen, indem diese beispielsweise ein Fest planen entsprechend dem Festtagskalender einer Religion. Die Aneignung von Wissen und Einsichten erfolgt in erster Linie durch das Erzählen und Mitteilen. Dabei sollten möglichst die Angehörigen einer Religion – die Kinder, Eltern oder ein offizieller Repräsentant (ein Priester oder ein Imam) – die Fragen der Kinder aufgreifen und erzählen, was es mit dem entsprechenden Aspekt ihrer Religion auf sich hat.

Wenn eine solche unmittelbare Auskunft „aus erster Hand“ nicht möglich ist, sollten die Erzieher/-innen in der Lage sein, zumindest eine erste Antwort auf die Fragen der Kinder zu geben. Dabei sollte für die Kinder spürbar werden, dass die Erzieher/-innen sich ihr Wissen nicht einfach „angelesen“, sondern dass sie sich damit eingehend beschäftigt haben. Denn es unterstützt die Glaubwürdigkeit der Aussagen der Erzieher/-innen, wenn deutlich wird, dass sie die Dinge so darlegen, wie sie sie verstanden haben. Sie sind dann besonders überzeugend, wenn sie sagen können, dass sie sich bei Angehörigen der Religion, um die es gerade geht, selbst erkundigt haben.

Schließlich können Erzieher/-innen auf einige Bücher und Materialien zurückgreifen, um den Kindern Einsichten in die Welt einer Religion zu ermöglichen. Bei der Wahl der Bücher – es gibt sowohl gute Sachbücher, die Basiswissen über die Religionen vermitteln, als auch solche, in denen Kinder anderen Kindern ihre Religion beschreiben und erklären – sollte darauf geachtet werden, dass keine wertenden Vergleiche zwischen den Religionen hergestellt werden, dass aber auch nicht der Eindruck erweckt wird, alle Religionen seien im Grund gleich und eigentlich wäre es nicht so wichtig, welcher Religion man angehöre. Die heute vorliegenden Sach- und Erzählbücher sind für unterschiedliche Altersgruppen konzipiert.

Dies trifft auf Materialien wie Erzählkassetten und Videos nicht zu. Denn diese bieten Aussagen und Einsichten über die Religionen in der Regel in komplexeren Zusammenhängen dar und sind deshalb fast ausschließlich für die interreligiöse Erziehung von Kindern im Schulalter geeignet.

Die Kinder können schließlich auch über die Festtagskalender der Religionen, die in den Räumen der Gruppen mit Kindern unterschiedlicher Religionszugehörigkeit an der Wand hängen, und über weitere Materialien wie Bilder von Gotteshäusern, Fotos von religiösen Festen, Weihnachtskrippe, Gebetsecke für muslimische Kinder Einsichten gewinnen.

An einem *Beispiel* lässt sich verdeutlichen, was mit „andere Religionen wahrnehmen und sich ein Wissen aneignen" gemeint ist:

> Sebastians Tante ist gestorben. Er kannte sie nicht besonders gut, weil sie in einer anderen Stadt gewohnt hat. Doch er erlebt daheim, dass seine Eltern traurig sind, besonders die Mutter, denn die Tante war ihre Schwester. Die Eltern sprechen oft über die verstorbene Tante. Ein Satz, den seine Mutter immer wieder sagt, versteht Sebastian nicht und deshalb fragt er seine Erzieherin, was damit gemeint ist. Seine Mutter sagt häufig: „Jetzt ist Ingrid erlöst von ihrem Leiden. Dort, wo sie jetzt ist, geht es ihr bestimmt besser." Die Erzieherin beteiligt auch die Kinder, mit denen Sebastian am liebsten spielt, an dem Gespräch darüber, was es bedeutet, wenn Erwachsene von einem verstorbenen Menschen sagen: „Jetzt geht es ihm besser." Darunter ist auch Aische, die der islamischen Religion angehört. Die Kinder erzählen, wie sich die Erwachsenen verhalten, wenn jemand von der Familie gestorben ist und was ihre Religion dazu sagt, wo die Toten hinkommen und wie es ihnen dort geht.

Dieses Beispiel zeigt, wie der kognitive Aspekt interreligiösen Lernens zur Geltung kommt: Die Kinder erkennen, dass für viele Menschen ihre Religion wichtig ist bei der Frage, wie es nach dem Tod weitergeht, dass aber die Antworten der Religionen verschieden sind und deshalb die einen mehr und die anderen weniger Angst davor haben, was mit ihnen nach dem Tod geschieht. Aus diesen Gesprächen der Kinder um Sebastian ergibt sich für die Gruppe das Thema: „Was die Menschen in den unterschiedlichen Religionen glauben, wie es mit uns nach dem Tod weitergeht und wie die Toten begraben und ihre Gräber gepflegt werden."

Solche interreligiösen pädagogischen Einheiten vermitteln nicht nur ein Wissen, sondern sie machen auch einsichtig, was den Angehörigen der unterschiedlichen Religionen an ihrem Glauben wichtig ist. Vor allem bieten sie den Kindern die Möglichkeit, an der Religion der anderen Kinder teilzuhaben.

Unterschiedliche Reaktionsweisen unterscheiden und eigene Ansichten entwickeln (rationaler Aspekt)

Die Kinder erleben, dass die Menschen in ihrer Lebenswelt unterschiedlich darauf reagieren, dass es in unserem Land Menschen aus anderen Ländern mit einer unterschiedlichen Religionszugehörigkeit gibt. Diesbezüglich besteht das *Lernziel* interreligiöser Erziehung darin, dass die Kinder diese Verhaltensweisen zu unterscheiden und zu beschreiben lernen und für sich herausfinden, wie sie sich selber gegenüber den Kindern und Familien mit einer anderen Religion verhalten wollen.

Dieses Beschreiben und Benennen unterschiedlicher Reaktionsweisen auf religiöse Unterschiedlichkeit (Diversität) wirft unweigerlich die Frage nach dem rechten Verhalten auf; deshalb geht dieser Bereich interreligiöser Erziehung unmittelbar in den nächsten Bereich der ethischen Urteilsbildung über.

Inhaltlich geht es darum, dass die Kinder unterschiedliche Reaktionsweisen auf religiöse Vielfalt bewusst wahrnehmen, sie zu unterscheiden und zu benennen vermögen – dass es Menschen gibt, die den Angehörigen anderer Religionen offen und freundlich begegnen, die sich für deren Glauben interessieren und sich damit beschäftigen; dass es andere Menschen gibt, die sich kaum oder überhaupt nicht mit religiösen Themen befassen und denen deshalb auch die Religionen, die es bei uns gibt, recht gleichgültig sind; dass es schließlich auch Leute gibt, die voller Misstrauen gegenüber Andersgläubigen sind – vor allem gegenüber Muslimen. Zwischen solchen extremen Positionen gibt es viele Zwischenstufen. Die Kinder nehmen diese nicht nur bewusst wahr und lernen nicht nur die Begriffe kennen, mit denen man die unterschiedlichen Haltungen und Verhaltensweisen bezeichnet. Sie erfahren auch etwas über ihre Beweggründe und über die Folgen, die sich daraus für die Beziehung der Menschen zueinander ergeben. Schließlich machen sie sich klar, wie sie selbst über die Kinder und ihre Familien denken, die einer anderen Religion angehören, und welches Verhalten sie für sich gut finden.

Die *Methoden und Arbeitsweisen*, mit denen Erzieher/-innen solche interreligiösen Wahrnehmungs- und Bewusstwerdungsprozesse initiieren und begleiten können, bestehen zum einen in interaktiven Vorgehensweisen, zum anderen in Austausch und Meinungsbildung. Zu den interaktiven Methoden gehören szenische Darstellungen und Rollenspiele. Hier können die Kinder erleben, wie verschieden sie und andere sich gegenüber Kindern und Familien aus anderen Ländern und mit unterschiedlicher Religionszugehörigkeit verhalten und woher das kommen kann. Zugleich wird ihnen aber auch klar, was diese Verhaltensweisen bei den betroffenen Kindern auslösen und welche Folgen sie für das Zusammenleben haben können. Beim Austausch über das Erlebte und Beobachtete lernen die Kinder die entsprechenden Begriffe kennen und sich eine eigene Meinung zu bilden. Ein solches Gespräch kann auch geführt werden mit Bezug auf eine Geschichte, die zum Thema „religiöse Diversität" erzählt, vorgelesen, in einem Hörspiel oder einem Videofilm vorgeführt wird.

Beispiel: Es ist Sommer und die Kinder der Tageseinrichtung gehen zum Schwimmen ins benachbarte Schwimmbad. Alle Kinder freuen sich und warten ungeduldig darauf, dass die Leiterin das Signal zum Aufbruch gibt. Nur die türkischen Mädchen stehen etwas verstohlen abseits in der Ecke, sie dürfen nicht mit anderen Kindern zum Schwimmen gehen und müssen in der Einrichtung bleiben. Anna findet das ungerecht, zumal sie weiß, wie gerne ihre Freundin Farideh mitgehen würde. Empört erzählt sie zu Hause ihren Eltern von der Geschichte und löst damit ein Gespräch aus: Der Vater findet es ganz in Ordnung, dass Mädchen nicht mit anderen Kindern, vor allem mit Jungen, zum Turnen oder Schwimmen gehen, wenn ihre islamische Religion dies so vorschreibt. Die Mutter dagegen findet solche Vorschriften ungerecht und diskriminierend, sie seien typisch für eine „patriarchalische" Religion wie den Islam, dieser müsse dringend reformiert werden, wie dies in der christlichen Religion, zumindest in der protestantischen Kirche, auch geschehen sei. Anna versteht nicht ganz, was ihre Mutter sagen will. Am nächsten Tag fragt sie ihre Erzieherin, was eine „patriarchalische" Religion sei (sie hat sich das Wort aus dem Gespräch mit den Eltern am Abend zuvor gemerkt). Die Erzieherin spricht mit Anna und den übrigen Kindern der Gruppe darüber, dass manche Bestimmungen in den Religionen und viele Verhaltensweisen anderen fremd sind und von diesen deshalb nicht verstanden und akzeptiert werden. Das ist ein Grund, so erklärt die Erzieherin, warum die Menschen so unterschiedlich über die verschiedenen Religionen dächten. Schließlich geht es bei dem Gespräch in der Gruppe darum, was die Kinder an dieser oder jener Religion gut und weniger gut finden, was ihnen fremd vorkommt, worüber sie mehr wissen wollen und wie es ihnen geht, wenn Kinder, die einer anderen Religion angehören, über die christliche Religion urteilen, der ja die meisten Deutschen angehören.

Der rationale Aspekt interreligiöser Erziehung – die Auseinandersetzung mit unterschiedlichen Einstellungen zu den verschiedenen Religionen – kommt in diesem Beispiel dadurch zur Geltung, dass die Kinder durch den Austausch darüber, was ihnen an den Religionen zusagt und was ihnen unverständlich und fremd erscheint, ihre Empfindungen in Worte zu fassen und ihre Urteile begründen lernen.

Mit Vorurteilen umgehen (ethischer Aspekt)

Kinder erleben tagtäglich, dass die Menschen über andere Urteile fällen. Oft ist es das Aussehen eines Menschen oder sind es seine Fähigkeiten, dann wieder Verhaltensweisen und Eigenschaften, schließlich auch seine soziale oder nationale Herkunft, seine Hautfarbe, seine Sprache, die von anderen bewertet werden. Den Kindern selbst geht es nicht anders: Ständig findet irgendwer etwas gut und schlecht an ihnen. Sie werden gelobt, getadelt, gemocht oder abgelehnt. Solche Urteile stimmen oft nicht mit dem überein, wie die Kinder sich selbst oder andere beurteilen. Sie erleben, dass der Umgang der Menschen miteinander von vielen Vorurteilen bestimmt wird. Hinsichtlich der Frage, was für den Umgang mit Kindern und Eltern maßgebend sein soll, die einer anderen Religion angehören, besteht *das Lernziel* darin, den Kindern bewusst zu machen, dass wir uns ständig ein Bild vom anderen machen, ihn nach unterschiedlichen Gesichtspunkten beurteilen und unsere Beziehung zu ihm davon leiten lassen. Die Kinder sollen ferner lernen, dass es Gründe gibt, warum man den einen so und den anderen wieder anders beurteilt: eigene Interessen, Sympathie, Angst vor dem Fremden und Unberechenbaren des anderen, dann aber auch der Wunsch nach einem guten Auskommen miteinander, nach Gemeinsamkeiten und nach Freundschaft. Sie sollen schließlich lernen, dass Haltungen wie Offenheit, Toleranz, Solidarität gerade für das Auskommen mit Menschen, die aus anderen Ländern und Kulturen kommen und einer anderen Religion angehören, sehr wichtig sind.

Inhaltlich geht es darum, dass die Kinder unterschiedliche Formen und Begriffe kennen lernen, mit deren Hilfe die Menschen sich gegenseitig beurteilen; sie sollen dabei auch ihre eigene Art und Weise der Urteilsbildung über andere wahrnehmen. Sie sollen sodann erfahren, dass solche Urteilsprozesse auch dafür ausschlaggebend sind, wie die Angehörigen verschiedener Religionen sich sehen und einschätzen und wie sie ihre Beziehung zueinander davon bestimmen lassen. Die Kinder lernen ferner, was Vorurteile sind, wie sie speziell gegenüber andersgläubigen Menschen zustande kommen, was sie bewirken können und wie sie zu vermeiden sind. Schließlich sollen die Kinder erfahren, was an Haltungen und Verhaltensweisen erforderlich ist, damit der Umgang mit den Kindern und ihren Eltern, die einer anderen Religion angehören, gut für jeden wird: Sie lernen Werte wie Toleranz und Solidarität kennen und machen die Erfahrung, wie wichtig sie für ein friedliches und gemeinschaftliches Auskommen sind.

Für das Kennenlernen und Begreifen von Vorurteilen und von Werten und Haltungen, die den Umgang von Kindern mit unterschiedlicher Religionszugehörigkeit erleichtern, bieten sich solche *Methoden und Arbeitsweisen* an, die deutlich machen, dass die Beziehung der Kinder zueinander von den Bildern und Urteilen abhängen, die sie voneinander haben, dass sie diese aber auch selbst bestimmen können, je nachdem, wie sie das Zusammenleben mit den anderen gestalten möchten. Zu diesen Methoden zählt zum einen das Behandeln von Beispielgeschichten, die von den Erzieher/-innen erzählt, vorgelesen oder anhand von Bildern oder Filmen aufgezeigt werden. Zum anderen sind solche Methoden sinnvoll, die bewirken, dass die Kinder sich selbst in der Beziehung zu anderen erleben – in Rollenspielen, Theaterstücken, szenischen Gestaltungen von Konfliktsituationen und unterschiedlichen Lösungsformen bis hin zu der gemeinsamen Erledigung von Arbeitsaufträgen, die einer Gruppe von Kindern erteilt werden, wie beispielsweise etwas gemeinsam zu bauen, zu malen, zu erzählen (erfundene Fortsetzungsgeschichten) oder zu basteln.

Was vorurteilsbewusste pädagogische Arbeit bei der interreligiösen Erziehung heißt, lässt sich an einem *Beispiel* deutlich machen.

Der fünfjährige Markus hat von seiner Tante eine Kinderbibel geschenkt bekommen. Die Tante hat ihm versichert, da ständen Worte von Gott drin, die wären „die ewige Wahrheit“ und „heilig“. Wer nicht an diese Worte glaube, der werde von Gott ganz schlimm bestraft, wenn er mal gestorben sei und „im Jenseits“ vor Gott hintreten müsse. Nur in der Bibel stünden diese Wahrheiten von Gott und nur die Christen, die an die Worte der Bibel glauben, könnten gerettet werden. Markus hat das mit der „ewigen Wahrheit“ nicht so recht verstanden, weil er sich nicht vorstellen kann, was „ewig“ heißt. Auch versteht er nicht, warum man ganz schlimm bestraft wird, wenn man nicht an die Bibel glaubt, weil es doch eine ganze Reihe von Menschen gibt, die die Bibel gar nicht kennen oder die an Worte glauben, die in einem anderen heiligen Buch stehen. Sein Freund Ahmed zum Beispiel. Der geht mit seinem Großvater öfter in die Moschee, wo sie zusammen beten und wo der Großvater ihm aus dem Koran vorliest. Dieses Buch, sagt Ahmed, sei für die Muslime so wichtig wie für die Christen die Bibel. Denn im Koran stehe das Wort Gottes, Wort für Wort, deshalb sei der Koran ein heiliges Buch, das man unbedingt befolgen müsse, sonst komme man in die Hölle, wenn man gestorben sei. Für Markus war die Sache bis jetzt klar: Die Christen haben eine Bibel und die Muslime den Koran. Beide Bücher enthalten das Wort Gottes; das müssen die Gläubigen befolgen und alles tun, was Gott sagt – die Christen müssen sich an das halten, was in der Bibel steht, und die Muslime an das, was der Koran sagt. Nach den Worten seiner Tante ist sich Markus nicht mehr sicher, ob das so einfach gleichzusetzen ist – Gottes Wort in der Bibel für die Christen und im Koran für die Muslime. Ihm kommen Zweifel, ob in Ahmeds Koran wirklich Gottes Wort drinsteht und ob Ahmed das Richtige glaubt. Markus ist ganz erleichtert, als Frau Degwart, seine Gruppenleiterin, den Kindern die Sache mit der Bibel und dem Koran erklärt – dass nämlich in beiden Büchern vieles ähnlich steht – beispielsweise dass Gott die Welt gemacht habe und dass wir Menschen die Natur schützen müssen, dass Gott auch den Menschen geschaffen habe und wolle, dass er an Gott glaubt und zu ihm betet und auf seine Hilfe vertraut, wenn er mal in Not sei, und wie die Menschen miteinander umgehen sollen, damit Frieden unter ihnen herrscht und es keine Kriege mehr gibt. Wenn das das „Wort Gottes" ist, denkt Markus, dann ist es doch gar nicht so wichtig, ob jemand das in der Bibel liest oder im Koran.

Der ethische Aspekt interreligiöser Erziehung kommt bei diesem Beispiel dadurch zur Geltung, dass die Kinder lernen: Wir bilden uns ständig Meinungen und Urteile über andere Menschen und können dabei recht einseitig und ungerecht werden. Besser fahren alle, wenn wir Toleranz üben und gelten lassen, wie wir sind und woran wir glauben.

Gemeinsam etwas unternehmen (sozialer Aspekt)

Es gehört zum Alltag der Kinder in Kindertageseinrichtungen, dass sie sehr vieles zusammen mit anderen Kindern unternehmen. Dazu gehören Spiele und andere Aktivitäten. Die Kinder erfahren dabei, dass ein Kind aus einer Migrantenfamilie oder einer anderen Religion manchmal nicht bei diesem oder jenem mitmachen darf bzw. will. Interreligiöse Erziehung, die darauf abhebt, dass mögliche Barrieren zwischen den Kindern aufgrund ihrer unterschiedlichen Religionszugehörigkeit abgebaut werden, verfolgt konkret *das Lernziel*, dass die Kinder fähig werden, Beziehungen zueinander aufzubauen und etwas gemeinsam zu unternehmen – auch bei religiösen Themen und bei religiös motivierten Handlungen wie beispielsweise beim Feiern von religiösen Festen, beim Entdecken der Natur als Schöpfung Gottes, beim

Besuch einer Kirche und einer Moschee. Die Kinder sollen dabei erfahren, dass bei allen Unterschieden, die zwischen den Religionen bestehen, es dennoch vieles gibt, an das man gemeinsam glauben und das man zusammen tun kann.

Bei solchen sozialen Unternehmungen kann es um folgende *Inhalte* gehen: um Feste, bei denen Inhalte im Mittelpunkt stehen, die allen Religionen bekannt sind, wie zum Beispiel der Dank für die Gaben der Natur und die Bitte um gute Ernten und um Nahrung für alle Menschen (Erntedankfest). Weitere religiös ausgerichtete Themen für die Gestaltung von Beziehungen und gemeinschaftlicher Unternehmungen sind: Streiten und Versöhnen, Kranke gemeinsam besuchen, jemandem helfen, gemeinsam beten, religiöse Rituale durchführen (Altar schmücken, Krippe aufbauen, eine Gebetsecke für die muslimischen Kinder einrichten).

Für die Umsetzung dieser Ziele eignen sich solche *Methoden und Arbeitsweisen*, die beziehungs- und gemeinschaftsstiftend sind und zu gemeinsamen Unternehmungen motivieren. Dazu gehören Erzähl- und Gesprächsrunden, in denen sich die Kinder gemeinsam mit einem religiösen Thema beschäftigen, das von ihnen oder von der Erzieherin eingebracht wird. Dazu gehören das gemeinsame Beten und Singen von Texten und Liedern, die aus einer der Religionen stammen, denen ein Kind oder mehrere Kinder angehören, und die auch von andersgläubigen Kindern mitgebetet und mitgesungen werden können. Dazu gehört schließlich das gemeinsame Anschauen und Besprechen von Bildern oder Filmen mit Inhalten, von denen sich Bezüge zu einer Religion herstellen lassen. Zu den interaktiven Arbeitsweisen zählen das Vorbereiten und das Durchführen eines Festes, Aktionen wie Ausflüge in die Natur, Säuberung eines Waldstücks, das Füttern von Tieren in Gehegen, wobei das Thema „Schöpfung“ eingebracht werden kann.

Diese hier nur exemplarisch aufgezeigten Möglichkeiten, Beziehungen zwischen Kindern aus unterschiedlichen Ländern und mit unterschiedlicher Religionszugehörigkeit herzustellen und gemeinsame Unternehmungen zu initiieren, müssen nicht unbedingt stets einen religiösen Bezug haben. Es kommt vor allem darauf an, dass die Kinder Formen finden, mit denen sie über alle Unterschiede hinweg zu Beziehungen untereinander und zu gemeinsamen Lebensformen befähigt werden. Dabei können Anlässe und Inhalte durchaus auch völlig „profan“ sein; in der Regel kommen die Kinder selbst irgendwann auch auf ihre Religionszugehörigkeit zu sprechen. Dann erzählen sie meist, was ihre Religion zu dieser oder jener Frage jeweils zu sagen hat, wie man Feste feiert, Gottesdienste und Geburtstage begeht, was man glaubt und was man als Angehöriger dieser oder jener Religion zu tun hat.

Wie die Kinder lernen können, Beziehungen über kulturelle und religiöse Grenzen hinweg aufzubauen, kann folgendes *Beispiel* verdeutlichen.

> Einige Kinder aus der Kobold-Gruppe besuchen Ritoo, ein Mädchen, dessen Eltern aus Indien kommen, im Krankenhaus. Ritoo ist von einem Auto angefahren worden, das rechte Bein ist gebrochen und einige Rippen sind verstaucht. Das tut noch immer arg weh, besonders wenn Ritoo husten oder wenn sie lachen muss. Ritoos Eltern sind gläubige Hindus. Sie haben ihrer kleinen Tochter das Bild ihres Gottes auf den Nachttisch gestellt. Dieser sieht sehr seltsam aus: Er hat den Körper von einem Menschen, aber den Kopf eines Elefanten. Einige Kinder kichern, als Ritoo erklärt, dass das Bild den Gott Ganesha darstellt, der in ihrer Familie sehr verehrt wird. Die Kinder finden es komisch, dass man zu einem Gott beten kann, der wie ein Elefant aussieht.
> Zurück in der Gruppe in ihrer Tageseinrichtung berichten sie den anderen Kindern und der Erzieherin von dem Besuch bei Ritoo und von dem Bild ihres Elefantengottes. Der Erzieherin fällt es gar nicht so leicht, den Kindern zu erklären, was es

mit diesem Gott der Hindus auf sich hat und was die Menschen, die zu ihm beten, von ihm erwarten. Abschließend zu ihren kurzen Erklärungen weist sie darauf hin, dass die Verehrung dieses Gottes Ritoo und ihrer Familie offensichtlich viel bedeutet, und dass sie es gut findet, wenn Menschen so glauben können. Dann will sie aber wissen, ob sich Ritoo über den Besuch der Kinder gefreut habe. Denn eigentlich wollte sie von Anfang an mit den Kindern darüber sprechen, dass man Menschen, die krank sind, besuchen und dass man überhaupt denjenigen, die in Not oder traurig sind, helfen müsse (die Sache mit dem Gott Ganesha hat ein wenig ihre Pläne durchkreuzt). Sie will den Kindern zeigen, dass alle Religionen ihre Gläubigen zu einem solchen Verhalten auffordern, dass es also viele Gemeinsamkeiten zwischen den Religionen gibt, wenn es um die Frage geht, wie man sich in der Not beisteht und für die Menschen sorgt, die alleine schwer mit ihrem Krank- oder Alt- oder Armsein zurechtkommen.

Wenn wir uns mit dem beschäftigen, was der andere glaubt und wie er aus diesem Glauben heraus lebt, und wenn wir diese Fragen mit dem anderen persönlich besprechen, entstehen Beziehungen – dies wurde an diesem Beispiel deutlich und damit wurde auch einsichtig, was unter dem sozialen Aspekt der interreligiösen Erziehung zu verstehen ist.

Mit religiösen Symbolen, Riten, Bräuchen und Festen vertraut werden (symbolischer Aspekt)

In allen Religionen gibt es Symbole, Riten und Bräuche, werden Feste gefeiert, gibt es Gottesdienste, Gebete und Lieder. Wer wissen will, was ein Mensch glaubt und was dieser Glaube ihm bedeutet, muss vor allem auf diese Dinge schauen: Sie bringen meist viel intensiver und anschaulicher zum Ausdruck, was eine Religion kennzeichnet, woran ihre Anhänger glauben, worauf sie hoffen, woran sie sich für ihr Handeln orientieren. Interreligiöse Erziehung verfolgt *das Lernziel*, die Kinder mit Symbolen, Riten, Bräuchen und Festen, den Gebeten und Liedern der verschiedenen Religionen bekannt zu machen. Dadurch soll zum einen das Gemeinsame und Verbindende entdeckt, zum anderen eine Beschäftigung mit den Symbolen, Riten, Texten und Liedern der eigenen Religion – sofern die Kinder einer solchen angehören – bewirkt werden. Schließlich sollen die Kinder auch erkennen und erleben, dass viele Symbole, Texte und Lieder sehr ähnlich sind und sich gemeinsam benutzen, beten und singen lassen.

Die *Inhalte* sind durch den Gegenstandsbereich vorgegeben, um den es bei diesem Thema der interreligiösen Erziehung geht: die Symbole, Riten, Bräuche usw. der verschiedenen Religionen; diese sollen die Kinder kennen lernen und – wo es angebracht und möglich ist – auch gebrauchen bzw. praktizieren können.

Als *Methoden und Arbeitsweisen* kommen einmal solche in Frage, die dazu führen, dass die Kinder mit den Symbolen, Riten, Bräuchen und Festen, mit den Gebeten und Liedern der Religionen bekannt werden. Zum anderen sind solche Methoden angebracht, die das Benutzen, Anwenden, gemeinsame Gestalten und Feiern ermöglichen. Das heißt konkret: Zum Bekanntmachen von Symbolen, Riten, Bräuchen usw. bieten sich an: der Besuch in einer Kirche und in einer Moschee, das Anfassen von Gegenständen (Altar, Taufbrunnen, Heiligenfiguren, Rosenkranz, muslimische Gebetskette), das Beschreiben und Erklären der Dinge anhand von Geschichten, Bildern oder Filmen (dies kann durch die Erzieher/-innen erfolgen oder durch Eltern, die der jeweils vorzustellenden Religion angehören), das gemeinsame Verwenden von Symbolen und das Praktizieren von Riten – beispielsweise wenn die Kinder beim Beten den Körper einbeziehen durch das Heben der Hände oder durch andere Gesten –, schließlich das gemeinsame Vortragen von Gebetstexten und das Singen von Liedern. All dies bewirkt, dass etwas von einer Religion und das Verbindende zwischen den Religionen erfahrbar wird.

Ein *Beispiel* soll verdeutlichen, wie die symbolische Seite von Religionen den Kindern veranschaulicht werden kann.

Der Pfarrer einer katholischen Kirchengemeinde, in der die Kindertageseinrichtung von Jan liegt, hat die Kinder zu einem Besuch seiner Kirche eingeladen. Er wird auch da sein und den Kindern die vielen Dinge erklären, die es in so einer Kirche gibt. Die meisten Kinder in Jans Gruppe sind schon fünf, einige gehen bereits in die Schule. Jessica und ihre Freundin sind schon zur „ersten heiligen Kommunion“ gegangen. Dabei haben sie den Gottesdienst vorne im Altarraum miterlebt – ganz nahe beim Pfarrer und seinen Ministranten. Als die Kinder nun in der Kirche eintreffen, schauen sie sich zuerst mal alles an. Dann setzen sie sich in die Bänke und stellen ihre Fragen. Jessica will wissen, warum der Pfarrer bei der Messe so seltsame Kleider trägt. Mit dieser Frage hat dieser gerechnet. Deshalb hat er die Gewänder schon hingelegt. Nun zieht er sie Stück für Stück an und erklärt den Kindern, was es mit dem Schultertuch, der weißen Albe, dem Messgewand auf sich hat. In allen Religionen, so sagt der Pfarrer am Schluss seiner kleinen Demonstration, tragen die Leiter von Gottesdiensten bei den Feiern eine besondere Kleidung; meist sind sie auch sonst an ihrer Kleidung zu erkennen. Aber auch die Gläubigen ziehen sich in vielen Religionen zum Gottesdienst oder zu anderen Feiern etwas Besonderes an. Christinnen und Christen haben früher beispielsweise ihr Sonntagskleid oder den „guten Anzug“ nur zum Gottesdienst angezogen, bei der Erstkommunion tragen heute noch katholische Mädchen ein weißes Kleid und die Jungs einen Anzug, der von den Eltern eigens für diese Feier angeschafft worden ist. Zur Hochzeit zieht die Braut meist ein weißes Kleid an und trägt dabei oft einen langen weißen Schleier. Und wenn jemand gestorben ist, tragen

die Leute bei der Beerdigung schwarze Sachen. In manchen Ländern legen sich die Frauen beim Gottesdienst ein kleines weißes Tuch auf den Kopf. So ähnlich verhalten sich auch die Angehörigen anderer Religionen. Mehmed kann das bestätigen. Er erzählt, dass der Imam seiner Gemeinde stets einen Turban trägt, wenn er das Freitagsgebet leitet und dort predigt, aber auch wenn er Gäste empfängt und sich in der Öffentlichkeit aufhält.
Am Tag nach dem Besuch der Kirche ergänzt die Erzieherin die Erklärungen des Pfarrers. Sie hat ein großes Kinder-Sachbuch zu den Weltreligionen mitgebracht. Das enthält zahlreiche Bilder aus dem Leben der Gläubigen der unterschiedlichen Religionen. Es zeigt unter anderem, was die geistlichen Führer und die Leiter von Gottesdiensten jeweils zu den Feiern anziehen und wie auch die übrigen Angehörigen der Religionen durch ihre Kleidung ihren Glauben zum Ausdruck bringen. Das können die Kinder verstehen, denn sie kennen aus eigener Erfahrung, dass sie und ihre Familien sich besonders schön anziehen, wenn sie einen Geburtstag, wenn sie Weihnachten oder Ostern feiern.

Der symbolische Aspekt interreligiöser Erziehung kommt dann zum Tragen, so hat dieses Beispiel deutlich gemacht, wenn die Kinder die unterschiedlichen Riten und Symbole der Religionen kennen lernen und begreifen, was diese Riten und Symbole für die Menschen jeweils bedeuten.

Zuspruch, Trost, Ermutigung, Versöhnung und Weisungen erfahren (psychologischer Aspekt)

In ihrer Religion finden viele Menschen Zuspruch, Trost und Hilfe. Sie finden Werte und Normen, die ihnen Orientierung und Maßgaben für ihr persönliches und für das gemeinschaftliche Leben geben. Diese beiden Elemente, die für die Lebensführung der Menschen bedeutsam sein können – Zuspruch und Orientierung –, enthalten alle Religionen. Deshalb besteht *das Lernziel* für die interreligiöse Erziehung darin, den Kindern erfahrbar zu machen, was die Angehörigen der unterschiedlichen Religionen für sich und die Gestaltung ihres Lebens jeweils aus ihrer Religion schöpfen, und was sie davon an andere weitergeben können. Es geht um die Erfahrung, dass die Religionen auf je eigene Weise das Leben der Menschen bereichern, dass sie eine Richtung für das Handeln weisen, Kraft geben und Freude machen können.

Aus diesem Lernziel lassen sich die *Inhalte* ableiten: Es soll gezeigt werden, was die Menschen für das Leben brauchen, für den Alltag miteinander und für solche Zeiten, in denen sie besonders auf Zuspruch und Hilfe angewiesen sind. Und es soll deutlich gemacht werden, wie sie vieles davon jeweils in ihrer Religion finden können. Zum anderen sollen die Kinder auch erfahren, dass alle Religionen ihre Gläubigen dazu anhalten, an andere weiterzugeben, was sie an Zuspruch und Orientierung gefunden haben.

Um diese Lernziele einzulösen, sind vor allem solche *Methoden und Arbeitsweisen* angebracht, mit denen sich vermitteln lässt, was die Menschen an bestätigenden, ermutigenden, Hoffnung und Trost spendenden Botschaften und was sie an Weisungen und Orientierungen in ihren Religionen finden. Dies kann durch Geschichten erfolgen, die vorgelesen und mit Bildern illustriert, die von den Erzieher/-innen, von Eltern oder anderen Personen erzählt werden. An religiösen Symbolen, an Gebeten und Liedern kann verdeutlicht werden, wie die Angehörigen der Religionen zum Ausdruck bringen, woran sie im Glauben festhalten und worauf sie hoffen, an wen sie sich mit ihren Wünschen und Sehnsüchten, mit ihren Bitten, mit ihrem Lob und Dank wenden. Schließlich kann auch in Rollenspielen und anderen szenischen Darstellungen gezeigt werden, was es für den Umgang miteinander bedeutet, wenn jemand aus dem Glauben und der Hoffnung seiner Religion lebt und nach dem handelt, was diese ihm an Werten und Weisungen vorgibt. Kinder haben gewöhnlich ein gutes Gespür dafür, was einem Menschen wert und heilig ist, dass er daraus Kraft und Mut schöpfen kann, dass dies aber auch seine Einstellungen zu anderen Menschen und sein Verhalten bestimmt. Sie haben kein Problem damit, wenn jemand diese für ihn maßgebenden Dinge an seiner Religion festmacht. Interreligiöse Erziehung kann dazu beitragen, dass die Kinder erfahren, was die Menschen jeweils aus ihrer Religion gewinnen und wie dies auch für das Umgehen miteinander ausschlaggebend sein kann. Dies lässt sich wiederum an einem *Beispiel* verdeutlichen:

> Anna geht heute mit ihrer Mutter zum Friedhof. Dort besuchen sie das Grab von Opa Hans. Anna kann sich daran erinnern, dass Opa Hans immer eine Geschichte parat hatte, wenn sie ihn bat, ihr etwas zu erzählen. Der Opa war ein ruhiger, kluger und liebenswerter Mann, der Anna und die anderen Kinder in der Familie sehr mochte. Anna liebte ihren Opa. Sie fühlte sich in seiner Wohnung immer willkommen und zu Hause. Doch dann wurde Opa Hans krank. Anna durfte ihn nur noch selten und dann gar nicht mehr besuchen. Sie sah, dass sich ihre Mutter große Sorgen um den Opa machte, manchmal weinte sie auch leise vor sich hin oder sie sagte: „Wenn Gott ihn doch endlich zu sich nehmen würde, dann ginge es ihm besser." Dann ist Opa Hans gestorben. Nun stehen Anna und ihre Mutter an seinem Grab. Plötzlich fragt Anna: „Geht es dem Opa jetzt wirklich besser? Wo ist er überhaupt hingegangen?" Annas Mutter erklärt ihr, dass sie und die anderen Christen daran glauben, dass der, der gestorben ist, in einer anderen Welt weiterlebt. Die guten Menschen nimmt Gott gleich zu sich. Bei ihm gibt es keine Schmerzen, keine Angst und keine Traurigkeit mehr. Und

vor allem: Wir werden unsere Verstorbenen wieder sehen, wenn wir selbst einmal gestorben sind. Dann sagt Annas Mutter noch, dass ihr dieser Glaube Trost gibt und Kraft, wenn sie wieder einmal traurig wird, weil der Opa jetzt nicht mehr bei ihnen ist.
An diese Geschichte erinnert Anna sich plötzlich, als sie einige Wochen später in ihrer Kindertageseinrichtung erfährt, dass Ruts Vater bei einem Verkehrsunfall ums Leben gekommen ist. Ruts Eltern sind Juden, sie glauben also auch an Gott, aber irgendwie anders als Anna und ihre Familie. Alle Kinder in Ruts Gruppe sind betroffen von dem Tod von Ruts Vater. Einige kannten ihn von kurzen Begegnungen, wenn er Rut in die Tageseinrichtung gebracht oder sie abgeholt hat. Er war ein freundlicher Mann und sprach immer wieder auch mit den anderen Kindern aus Ruts Gruppe. Er lobte sie, wenn sie ihm zeigten, was sie gemalt oder gebastelt hatten, und manchmal erzählte er auch etwas aus der Zeit, als er selber noch ein Kind war. Nun war er tot, und Rut war ganz still und traurig. Anna versuchte sie zu trösten und sagte ihr den Spruch, den sie oft von ihrer Mutter gehört hatte: „Jetzt geht es deinem Vater bestimmt besser. Denn jetzt ist er bei Gott." Das hat eine Erzieherin beobachtet. Sie nimmt diese kleine Szene zum Anlass, mit den Kindern darüber zu sprechen, was die Christen über ein Leben nach dem Tod glauben. Sie ermutigt die Kinder, die einer anderen Religion angehören – in der Gruppe gibt es christliche und muslimische Kinder, ein Kind gehört dem jüdischen und eines dem buddhistischen Glauben an –, ebenfalls zu erzählen, wie man sich in ihrer Religion ein Leben nach dem Tod vorstellt. Es kommt zu einem lebendigen und aufschlussreichen Gespräch, bei dem die Kinder erfahren, dass die Angehörigen fast aller Religionen daran glauben, dass der Mensch irgendwo weiterlebt, wenn er gestorben ist. Die Christen und Muslime halten daran fest, dass diejenigen, die geglaubt und

getan haben, was ihre Religion ihnen sagt und wozu sie sie anweist, direkt zu Gott kommen. Daraus schöpfen ihre Angehörigen viel Kraft und Hoffnung, um damit fertig zu werden, dass sie einen geliebten Menschen verloren haben. Diese Kraft und Hoffnung helfen ihnen aber auch, andere Menschen zu trösten und ihnen Mut zu machen, wenn diese traurig sind.

Der psychologische Aspekt interreligiöser Erziehung wird dann realisiert, so hat das Beispiel gezeigt, wenn die Kinder erfahren, dass viele Menschen aus ihrem Glauben Trost, Ermutigung, Hoffnung, aber auch Anleitungen für ihr Handeln schöpfen.

Das Unterscheidende des eigenen Glaubens (philosophischer und spiritueller Aspekt)

Die Begegnung mit Kindern und Eltern, die einer anderen Religion angehören, führt unweigerlich dazu, dass die Kinder Vergleiche anstellen – in erster Linie mit der eigenen Religion (sofern sie einer solchen angehören), dann auch zwischen den Religionen, die sie kennen lernen. Dies betrifft sowohl einzelne Glaubensinhalte und -vorstellungen als auch Gestalten, Bilder, Symbole, Bräuche, Feste und Handlungsweisen. Interreligiöse Erziehung verfolgt *das Lernziel*, dass die Kinder mit einigen Spezifika der Religionen bekannt werden, dass sie das Unterscheidende und das Gemeinsame vor allem in Bezug auf die eigene Religion erkennen. Dadurch werden sie zu einer intensiveren, weil vergleichenden Beschäftigung mit ihrer eigenen Religion veranlasst. So sollen sie die spezifischen Vorstellungen, Bilder, Gegenstände und Lebensweisen ihrer Religion aus einem neuen Blickwinkel kennen lernen und dazu angeregt werden, darüber nachzudenken, was es heißt, zu dieser ihrer Religion zu gehören.

Inhaltlich bezieht sich diese vergleichende Form der interreligiösen Erziehung einmal auf einzelne Vorstellungen und Glaubenssätze der Religionen über Gott, den Menschen, die Welt, über Gut und Böse, ein Leben nach dem Tod, über Persönlichkeiten, die in der Geschichte der jeweiligen Religion eine Rolle gespielt haben, über Gedenktage und Feste und darüber, wie die Angehörigen einer Religion ihr Leben nach ihren Werten und Weisungen gestalten. Zum anderen geht es um die Frage, was die Zugehörigkeit zu einer Religion für deren Angehörige jeweils bedeutet und was die Kinder selbst davon halten, dass sie zu dieser oder jener Religion gehören.

An *Methoden und Arbeitsweisen* dürften solche in Frage kommen, die dazu führen, dass die Kinder mit unterschiedlichen Religionen bekannt werden – Erzählungen, Bilder, Symbole, Spiele und szenische Darstellungen, der Besuch einer Kirche, einer Moschee. Zum anderen sollen ihnen Möglichkeiten aufgezeigt werden, einzelne Aspekte der Religionen miteinander zu vergleichen – beispielsweise im Gespräch in der Gruppe, durch das Anschauen der Bücher, in denen die heiligen Schriften der Religionen enthalten sind (Bibel, Koran, Thora), durch die Beschäftigung mit maßgeblichen Gestalten der Religionen (Jesus, Mohammed, Buddha) anhand von Geschichten und Bildern. Bei diesen Zugangsweisen sollen die Kinder affektiv angesprochen und so dazu animiert werden, sich emotional in Beziehungen zu den einzelnen Gegenstandsbereichen und Personen zu setzen. Mit Methoden der ganzheitlichen Arbeit kann erreicht werden, dass die Kinder vor allem einen intensiveren Bezug zu ihrer eigenen Religion aufbauen und erleben, worin die Zugehörigkeit zu ihr erfahrbar wird. Das kann zur Festigung ihrer religiösen Identität führen.

Was das bedeutet, lässt sich an einem *Beispiel* verdeutlichen.

Es ist kurz vor Weihnachten. Die Kinder schmücken zusammen mit den Erzieherinnen die Räume ihrer Kindertageseinrichtung für die große Weihnachtsfeier, zu der auch die Eltern eingeladen werden. Dazu gehört selbstverständlich wie in jedem Jahr der Aufbau der Krippe mit den vielen Figuren, die

der Großvater eines Kindes über Jahre hin eigens für die Einrichtung geschnitzt hat. Diesmal haben die älteren Kinder aus der Pinguin-Gruppe die Aufgabe zugeteilt bekommen, die Krippe aufzubauen. Tariq und Bülben, zwei muslimische Kinder, erklären ihrer Erzieherin allerdings, dass sie nicht mitmachen wollen. Denn nach den Aussagen des Korans sei Jesus nicht in einem Stall geboren worden; auch die Sache mit Ochs und Esel und den Hirten sei in Wirklichkeit nicht so gewesen, und überhaupt hätten ihre Eltern gesagt, dass die Art und Weise, wie Christen Weihnachten feiern, dem Ansehen des Propheten Jesus schade. Die Erzieherin ist ein wenig verwirrt über diese fast vorwurfsvoll klingenden Worte der beiden. Sie hatte bisher immer angenommen, dass Jesus auch für Muslime eine wichtige Person sei und von ihnen verehrt werde. Aber offensichtlich haben Christen und Muslime doch unterschiedliche Auffassungen über das Leben Jesu und über seine Bedeutung für die Menschen. Da die anderen Kinder das Gespräch der Erzieherin mit den beiden muslimischen Kindern mitbekommen haben, fragen sie nun, was es eigentlich mit diesem Jesus auf sich habe, was die Christen und was die Muslime von ihm glauben. Bei nächster Gelegenheit – und nachdem sich die Erzieherin über die Stellung Jesu im Islam kundig gemacht hat –, greift sie das Thema nochmals auf und initiiert ein Gespräch in ihrer Gruppe über Jesus, wie er von den Christen und von den Muslimen gesehen wird.
Die Kinder erfahren, dass es viele Gemeinsamkeiten, aber auch erhebliche Unterschiede gibt. Bei diesem Gespräch zeigt sich zudem, dass die christlichen Kinder an den Geschichten, die sie seit langem schon von Jesus kennen, festhalten und auch die Krippe aufbauen wollen. Sie können aber auch verstehen, warum Tariq und Bülben hierbei nicht mitmachen wollen. Stattdessen bittet die Erzieherin die beiden, dass sie eine Szene aus dem Leben Jesu malen, wie sie es aus dem Koran kennen.

Dieses Beispiel zeigt, wie die Kinder religiöse Diversität wahrnehmen und wie sie lernen, Gemeinsames zu entdecken und das unüberbrückbar Verschiedene gelten zu lassen.

3.3 Voraussetzungen für das Gelingen interreligiöser Erziehung

Eine wesentliche Voraussetzung für das Gelingen interreligiöser Erziehung ist die Mitwirkung der Personen, die mehr oder weniger in die pädagogische Arbeit von Kindertageseinrichtungen involviert sind. Dazu gehören zum einen Frauen und Männer, die nicht unmittelbar in das Alltagsgeschehen in den Einrichtungen eingebunden sind – der Träger, die Eltern und das soziale Umfeld –, zum anderen die Erzieher/-innen, denen eine Schlüsselfunktion für die interreligiöse pädagogische Arbeit zukommt.

Die Bedeutung des Trägers

In der Regel überlässt der Träger einer Kindertageseinrichtung[6] die pädagogische Arbeit den Erzieher/-innen als den dafür ausgewiesenen Expertinnen. Bei der Frage nach dem Stellenwert, der Intensität und der Art und Weise interreligiöser Erziehung kann allerdings dem Träger die Rolle eines Mitentscheiders und -gestalters zukommen:

---

[6] Zahlreiche Kindertageseinrichtungen stehen in der Trägerschaft von Kommunen, eines Verbandes oder einer Organisation. Die Trägerschaft der meisten kirchlichen Einrichtungen, die zahlenmäßig den größten Teil der Kindertageseinrichtungen in Deutschland ausmachen, liegt bei den Kirchengemeinden. Bei allen diesen Trägerkonstellationen werden die Trägeraufgaben gewöhnlich von einer Person wahrgenommen, die als Trägervertreter/-in dazu autorisiert ist. Diese Personen sind gemeint, wenn hier von der Bedeutung des Trägers für die interreligiöse Erziehung die Rede ist.

- Der Träger ist gefragt, wenn die Einrichtung interkulturelle und interreligiöse Erziehung als einen Bestandteil ihrer pädagogischen Arbeit in der Konzeption oder im Leitbild ausdrücklich ausweist und die Zustimmung des Trägers durch seine Unterschrift dokumentiert werden soll.
  Für kirchliche Träger gehört religiöse Erziehung wesentlich zur pädagogischen Arbeit ihrer Kindertageseinrichtungen dazu, aber nicht alle Träger geben fraglos ihre Zustimmung, wenn die Erzieher/-innen auch interreligiöse Erziehung praktizieren wollen. Doch die Praxis interreligiöser Erziehung setzt sich auch in kirchlichen Einrichtungen immer mehr durch.
  Für die Erzieher/-innen, die für ihre interreligiöse Erziehung die Zustimmung und Unterstützung des (kirchlichen) Trägers gewinnen wollen, kann es hilfreich sein, auf offizielle Stellungnahmen der Kirchen zur Notwendigkeit des interreligiösen Dialogs hinzuweisen (vgl. nachfolgenden Exkurs „Und was sagen die Kirchen?").
- Der Träger ist gefragt, wenn es gilt, zwischen den Erwartungen der Eltern oder des Umfeldes der Einrichtung und den Vorstellungen der Erzieher/-innen zu Fragen der Praxis interreligiöser Erziehung zu vermitteln.
- Der Träger kommt dann ins Spiel, wenn es gilt, Kontakte zu Vertretern der anderen Religionen, zu ihren Gemeinden und Organisationen herzustellen und gemeinsame Aktionen zu planen.
- Der Träger ist wichtig, wenn Erzieher/-innen aus seiner Einrichtung an Fortbildungen zu Fragen der interreligiösen pädagogischen Praxis teilnehmen möchten und dazu die Zustimmung des Trägers benötigen. Dazu kann auch gehören, dass er der Beschaffung von Büchern und Materialien zur interreligiösen Erziehung zustimmt.
- Die Unterstützung des Trägers ist erst recht erforderlich, wenn sich seine Einrichtung an Projekten beteiligen will, bei denen es um eine Weiterentwicklung interreligiöser Praxis geht.

- Die Zustimmung des Trägers sollte auch eingeholt werden, wenn in der Einrichtung die Ausstattung einzelner Räume auf die interreligiöse pädagogische Arbeit abgestimmt wird, wenn also beispielsweise den Eltern gestattet werden soll, ihren Aufenthaltsraum in der Einrichtung entsprechend ihrer kulturellen Gewohnheiten zu gestalten.
- Schließlich hat der Träger seine Kindertageseinrichtung nach außen zu repräsentieren. Ob gegenüber den Medien, gegenüber potenziellen Kooperationspartnern oder gegenüber Aufsichtsbehörden – es muss deutlich sein, dass er hinsichtlich der pädagogischen Arbeit auf dem Laufenden ist und zu dieser steht.

Exkurs: Und was sagen die Kirchen?

Die Deutsche Bischofskonferenz

Gerechter Friede – Friedenswort der deutschen Bischöfe
(Die deutschen Bischöfe Nr. 66, 27. September 2000)

Wie in der innerchristlichen Ökumene stellt der Dialog die zukunftsweisende Form interreligiöser Verständigung dar. Auch das Leben in einer zusammenwachsenden Welt fordert zum Dialog und zur Begegnung zwischen den Religionen heraus … Wo dies möglich ist, sollte über den Dialog hinaus Zusammenarbeit gesucht werden, ohne Berührungsangst und ohne Unterscheidungsangst. Christliche Maßstäbe zurückzustellen, um Konflikten aus dem Weg zu gehen, ist ebenso unverantwortlich, wie Bundesgenossenschaft im Dienst am Menschen zu unterlassen. (Nr. 189, S. 105 f.)

Neben der Familie sind es besonders katholische Kindergärten und Schulen, die in ihrer Arbeit wichtige Einstellungen und Fähigkeiten für ein friedliches Zusammenleben vermitteln … Viele Konflikte beruhen auf Vorurteilen und Mangel an Kenntnissen und praktischen Erfahrungen im Umgang mit Angehörigen anderer Religionen, Völker und Kulturen. Darum muss es das Ziel katholischer Erziehung und Bildung sein, diesen Konfliktursachen gezielt entgegenzuarbeiten. Es reicht nicht mehr, nur theoretische Kenntnisse zu vermitteln. Wirkliches Kennenlernen braucht die Form persönlicher Begegnung. Einen guten Weg eröffnen gemeinsame Feiern von Festen und die Teilnahme an allen Gelegenheiten, die einen Einblick in das Leben Andersgläubiger und Menschen anderer Volkszugehörigkeit bieten. (Nr. 199, S. 110)

Leitlinien für multireligiöse Feiern von Christen, Juden und Muslimen – Eine Handreichung der deutschen Bischöfe (Arbeitshilfe 170 vom 25. Januar 2003)

Die Gunst der Stunde bietet eine bisher in der Geschichte wohl noch nie da gewesene Chance der Begegnung, für welche die Kirche seit dem Zweiten Vatikanischen Konzil die Türen weit geöffnet hat. Die katholische Kirche möchte einen aufrichtigen und fruchtbringenden interreligiösen Dialog mit den Mitgliedern der jüdischen Glaubensgemeinschaft und den Anhängern des Islam führen ... Was er von uns allen fordert, ist, dass wir an unserem eigenen Glauben festhalten, dabei aber respektvoll einander zuhören, alles Gute und Heilige in den Lehren der anderen zu erkennen suchen und gemeinsam alle Initiativen zur Förderung des gegenseitigen Verständnisses und Friedens unterstützen.[7] (S. 8 f.)

In Deutschland haben in den vergangenen Jahren Begegnungen von Christen, Juden und Muslimen erfreulich zugenommen. Dabei stellt sich die Frage nach den Möglichkeiten und der Gestaltung der verschiedenen Formen multireligiöser Feiern. (S. 18 f.)

---

[7] Papst Johannes Paul II.: *Anerkennung des Schöpfers und des Herrn der Geschichte.* Ansprache am 23. März 2000, in: Jubiläumsreise des Papstes ins Heilige Land. Interreligiöse Begegnung in Jerusalem, in: Osservatore Romano, deutsche Ausgabe, 7. April 2000, S. 10 f.

Wenn Christen, Juden und Muslime im Verlauf eines interreligiösen Dialogs intensive Begegnung erfahren haben, ergibt sich manchmal der Wunsch nach gemeinsamen religiösen Feiern. In diesen tritt das Verhältnis zum einen Gott als dem gemeinsamen Grund und Bezugspunkt in den Vordergrund. Sie können dazu dienen, Gemeinsamkeiten und Unterschiede zu entdecken, einander in der jeweiligen Andersartigkeit zu verstehen und den eigenen Glauben zu vertiefen. (S. 19)

Rat der Evangelischen Kirche in Deutschland

Zusammenleben mit Muslimen in Deutschland. Gestaltung der christlichen Begegnung mit Muslimen. Eine Handreichung des Rates der Evangelischen Kirche in Deutschland. (Juli 2000)

In einer Zeit nie da gewesener Migrationsbewegungen und Kulturvermischungen kann keine Religion mehr ohne Beziehung zu anderen Religionen leben. Alle tragen Mitverantwortung für den Frieden und das Wohlergehen der Menschen in der Welt. Die Kirchen in Deutschland haben sich sehr früh dem Problem der Fremden in unserem Land gestellt und sich in Gemeinden und verschiedenen Gremien aktiv für die Überwindung von Fremdenfeindlichkeit und -hass eingesetzt. Die seit Mitte der 70er Jahre durchgeführte „Woche der ausländischen Mitbürger" geht auf ihre Initiative zurück. (Seit einigen Jahren beteiligt sich daran auch offiziell der Zentralrat der Muslime in Deutschland.) Dabei wurde die Frage der Unterschiede zwischen den Religionen weitgehend ausgeklammert, denn es gehört zum Selbstverständnis christlicher Diakonie, allen Menschen in gleicher Weise zu helfen, unabhängig davon, welchem Volk, welcher Kultur und Religion sie angehören. Je näher Menschen sich jedoch in Dorf und Stadt kommen, je enger die tägliche Nachbarschaft wird, umso mehr wird erkennbar, wie stark gerade die Religionen Lebensstil und Lebensauffassung der Menschen prägen. (Einleitung, S. 11)

Die Erfahrung lehrt, dass die interreligiöse Begegnung zur vertieften Nachfrage nach den Grundlagen des eigenen Glaubens anregt. Je sicherer man in der eigenen Glaubenstradition zu Hause ist, desto offener und liebevoller kann die Hinwendung zu Menschen anderen Glaubens geschehen und desto tiefer wird auch das Verstehen anderer Religionen sein. Verstehen ist die Voraussetzung für jede Verständigung, aber auch dafür, dass das lebendige Zeugnis des eigenen Glaubens nicht durch Vorurteile und mangelnde Kenntnisse fehlgeleitet wird. Ein neu erworbenes Verständnis füreinander wird uns helfen, auch die praktischen Fragen des Zusammenlebens in Schule, Kindergarten, Krankenhaus und anderen Bereichen mit Überzeugung und Fantasie anzugehen. (Einleitung, S. 13)

Im Kindergarten begegnen sich Kinder, die einerseits aus Familien stammen, in denen Religion faktisch keine oder nur eine untergeordnete Rolle spielt, andererseits aus solchen, die von den religiösen Traditionen ihres Glaubens überzeugt sind und sie praktizieren. Die gemeinsame Erziehung von Kindern mit unterschiedlicher religiöser Herkunft ist zu einer gesamtgesellschaftlichen Aufgabe geworden, die auch die Kirchen wahrnehmen.

Muslimische Eltern vertrauen Christen als den „Leuten des Buches", die sich vor dem einen Gott verantworten. Sie erwarten aber auch, dass ihre Kinder in ihrem Glauben nicht bedrängt werden.

Da sich Ängste vor Identitätsverlust leicht durch Sprachprobleme, Halbinformationen und Unsicherheiten einschleichen, gilt es, mit besonderer Sorgfalt und Einfühlung die muslimischen Eltern zu informieren, und zwar schon vor ihrer Entscheidung für eine evangelische Einrichtung. Es muss ihnen deutlich werden, dass in dieser Einrichtung altersgemäß Inhalte des christlichen Glaubens vermittelt und im Zyklus des Kirchenjahres gefeiert werden. In Orten, in denen sie keine Wahlmöglichkeit zwischen Kindergärten unterschiedlicher Träger haben, kann für sie ein schwieriges Gewissensproblem entstehen.

Das bedeutet für die Träger dieser Institutionen, die muslimische Kinder aufnehmen, die Verpflichtung zu

- Transparenz der inhaltlichen Ausgestaltung der pädagogischen Arbeit,
- Fortbildung der Mitarbeiterinnen, insbesondere in Islamkunde,
- Begleitung der Elternarbeit,
- Beratung und Supervision des interkulturellen und interreligiösen Lernens.

Der weltanschaulich-religiöse Pluralismus führt in Kindergarten, Schule und Gesellschaft vor die Aufgabe kultureller Verständigung und pädagogischer Bildung, wobei es darum geht, das Gemeinsame inmitten des Differenten zu stärken, in einer Bewegung durch die Differenzen hindurch, nicht über sie hinweg. (S. 73–75)

Maße des Menschlichen. Evangelische Perspektiven zur Bildung in der Wissens- und Lerngesellschaft. Eine Denkschrift des Rates der Evangelischen Kirche in Deutschland. (Juli 2003)

Über ihr *religiöses Interesse* können Kinder anders als Erwachsene oft ganz unbefangen kommunizieren. In der Begegnung mit Erwachsenen brauchen sie allerdings einen Freiraum für ihre eigenen Erfahrungen und Deutungen, nicht nur Korrektur oder Belehrung. Erwachsene sollten erkennen, dass die Kinder selbstständig ihre eigene Religion entwerfen. Hierbei verwenden sie zwar, was sie vom Christentum beziehungsweise den anderen Religionen sehen und hören; aber nie übernehmen sie einfach nur, um sich damit zu begnügen. Dafür sind sie viel zu sehr aktive Erkunder ihrer sie immer wieder neu überraschenden Welt und eigenständige Entdecker von möglichen Antworten auf die Rätsel, die sich ihnen auftun. Jedes Kind entwickelt gleichsam seine eigene Theologie; dies ist zumindest sehr wahrscheinlich dort der Fall, wo in einer Gesellschaft insgesamt noch von Gott die Rede ist und es Ausdrucksformen von Religion gibt. Darum ist es unerlässlich, dass die Interessen und die Rechte der Kinder auch in diesem Bereich geachtet werden (vgl. EKD-Stellungnahme „Religion in der Grundschule", 2000) (S. 35 f.)

Bildung ist aus evangelischer Sicht räumlich auf dieser Erde auszurichten auf Erziehung zum Frieden, Achtung der freiheitlichen Rechtsordnung, Förderung sozialer Gerechtigkeit, Fürsorge für das versehrbare Leben und Verständigung mit Menschen anderer Kulturen und Religionen. (S. 64)

Das Bildungssystem muss sich heute besonders im Umgang mit Vielfalt bewähren. Es handelt sich um eine historisch in ihrer Dringlichkeit neue Herausforderung durch Pluralität verschiedenster Gestalt, nicht zuletzt in Form des kulturellen, ethischen und religiösen Pluralismus. (S. 94)

Zustimmung und Unterstützung der Eltern

Eltern interessieren sich gewöhnlich für die Inhalte und Methoden der pädagogischen Arbeit, die in der von ihren Kindern besuchten Einrichtung durchgeführt werden für die Art des Umgangs miteinander, für das Klima, das in der Einrichtung herrscht, und für deren Image. Viele Eltern wollen auch wissen, was an religiöser Erziehung geschieht – erst recht, wenn es sich dabei um interreligiöse Erziehung handelt. Häufig ist hier durch die Erzieher/-innen eine differenzierte Aufklärungsarbeit zu leisten. Denn zum einen muss christlich eingestellten Eltern deutlich gemacht werden, dass eine interreligiöse Erziehung nicht auf eine Nivellierung der Unterschiede zwischen den Religionen ausgerichtet ist; zum anderen – und das dürfte in der Regel der schwierigere Part sein – müssen andersgläubige Eltern, in erster Linie diejenigen, die dem Islam angehören, davon überzeugt werden, dass interreligiöse Erziehung von Achtung und Respekt voreinander bestimmt ist und keineswegs eine Beeinflussung ihrer Kinder zugunsten des christlichen Glaubens erfolgt. Andererseits werden vor allem Kindertageseinrichtungen in kirchlicher Trägerschaft klar zu ihrem Auftrag stehen, den Kindern in erster Linie die Welt der christlichen Religion vertraut zu machen. Sie müssen mehr noch als nichtkirchliche Einrichtungen auf eine Balance zwischen Offenheit, Toleranz und dem Einbeziehen nichtchristlicher religiöser Vorstellungen und Handlungsformen auf der einen und der Praxis christlich ausgerichteter religiöser Erziehung auf der anderen Seite achten.

Trotz dieser Schwierigkeiten ist es möglich, Erziehungspartnerschaften auch hinsichtlich der interreligiösen Erziehung mit Eltern unterschiedlicher Religionszugehörigkeit einzugehen.[8] Ausschlaggebend für das Gelingen solcher Partnerschaften ist das Vertrauen: „Wenn die Eltern erleben, dass ihre Kinder nicht von ihrer Religion entfremdet werden, dass sie vielmehr darin Bestätigung und Anteilnahme erfahren und darüber hinaus Einblick gewinnen in das, was die anderen glauben; wenn sie zudem spüren, dass es Konvergenzen zwischen den Religionen gibt, die es den Kindern möglich machen, trotz der Wahrung ihrer spezifischen religiösen Prägung gemeinsame Ansichten über den Menschen und den Umgang untereinander, über die Achtung der Schöpfung, über die Gestaltung eines gemeinschaftlichen Lebens zu entwickeln, dann dürfte es möglich sein, ihre Vorbehalte und Ängste zu mindern und sie zur Unterstützung der interkulturellen und interreligiösen Erziehungsbemühungen zu gewinnen."[9]

---

[8] Vgl. Matthias Hugoth: Eltern ausländischer Kinder beraten und mit ihnen zusammenarbeiten. Teil 1: Erziehungspartnerschaften eingehen, in: Rita Watermann/Matthias Hugoth (Hrsg.): Unternehmen Kindergarten & Co. Personal – Qualität – Recht – Finanzen. Landsberg: mvg-Verlag 2002, S. 1–14 (Lose-Blatt-Sammlung).

[9] Vielfalt bereichert. Interkulturelles Engagement katholischer Tageseinrichtungen für Kinder. Positionen und Materialien. Redaktion: Matthias Hugoth/Theresia Wunderlich. Freiburg: Verband Katholischer Tageseinrichtungen für Kinder (KTK) – Bundesverband 1999, S. 38.

Akzeptanz und Unterstützung durch das soziale Umfeld

Das interreligiöse Engagement einer Kindertageseinrichtung kann dann erschwert werden, wenn im unmittelbaren Umfeld ein Klima herrscht, das von Distanziertheit gegenüber Menschen ausländischer Herkunft bestimmt wird und erst recht, wenn es zu offener Ablehnung kommt. Denn von einer solchen allgemeinen Stimmung bleiben weder die Eltern, deren Kinder die Einrichtung besuchen, noch die Erzieher/-innen unberührt. Sie sehen sich manchmal gezwungen, gegen den Strom der öffentlichen Meinung im sozialen Umfeld ihrer Einrichtung zu schwimmen.

Deshalb ist es wichtig, dass – in der Regel über die Leiterin und den Träger – Kontakte zu einzelnen Personen des öffentlichen und kirchlichen Lebens im Umfeld, zu anderen Einrichtungen und zu Organisationen hergestellt werden, bei denen die interreligiöse Arbeit Anerkennung und Unterstützung findet. Am günstigsten ist die Kooperation mit anderen Einrichtungen, die ebenfalls mit interkulturellen bzw. interreligiösen Themen befasst sind (Familienkreise, Initiativgruppen, Sozialdienste für Migranten, Schulen).

Bei kirchlichen Kindertageseinrichtungen können Helferkreise und Initiativen in der Gemeinde, vor allem Pastoralteams, dazu beitragen, dass ihre interreligiöse Arbeit akzeptiert und wertgeschätzt wird. Wenn beispielsweise auch die Familien der Migrantenkinder zum aktiven Mitwirken bei Pfarrfesten eingeladen werden, wenn in Pfarrbriefen und Gemeindenachrichten auch die religiösen Feste der in der Gemeinde vertretenen Religionen Beachtung finden, wenn die Beziehung zwischen den Religionen Thema in Gottesdiensten und bei der Bildungsarbeit in der Gemeinde werden und wenn bei der Kinder- und Jugendarbeit der Gemeinde auch Kinder aus Migrantenfamilien mit der Zugehörigkeit zu einer anderen Religion mitmachen können.

Neben den Eltern, dem Träger und dem sozialen Umfeld der Kindertageseinrichtung sind vor allem die Erzieher/-innen ausschlaggebend für das Gelingen interreligiöser Erziehung. Denn von ihnen hängt es ab, ob und wie intensiv interreligiöse Lernprozesse in Gang gesetzt werden; sie sind für die Begleitung und Unterstützung dieser Prozesse zuständig und haben damit eine anspruchsvolle Aufgabe übernommen.

Deshalb soll auf die Rolle und Funktion von Erzieher/-innen im Folgenden detaillierter eingegangen werden.

3.4 Die Schlüsselfunktion der Erzieher/-innen bei interreligiösen Lernprozessen

Bei den bisherigen Ausführungen ist immer wieder darauf hingewiesen worden, dass für eine gelingende interreligiöse Erziehung die Einstellungen und Haltungen der Akteure eine entscheidende Rolle spielen. Dabei wurde bereits deutlich, dass es sich hier nicht bloß um eine Frage der Gesinnung handelt. Die für eine interreligiöse Erziehung erforderlichen Einstellungen und Haltungen der Erzieher/-innen gehören zu den interkulturellen und interreligiösen Kompetenzen, die für einen konstruktiven Umgang mit der zunehmenden kulturellen und religiösen Vielfalt in Kindertageseinrichtungen künftig zur fachlichen Grundausstattung von Erzieher/-innen gehören dürften.

Interreligiöse Erziehung benötigt nicht nur entsprechende religionspädagogische Befähigungen, sondern setzt auch interkulturelle Kompetenzen voraus. Deshalb wird im Folgenden wieder das Begriffspaar „interkulturelle und interreligiöse Kompetenz“ verwendet.

Unterschiedliche Reaktionsmuster von Erzieher/-innen

Auf die kulturelle und religiöse Vielfalt zeigen die Erzieher/-innen in Kindertageseinrichtungen unterschiedliche Reaktionen:[10]

- Kulturelle und religiöse Vielfalt werden *als Problem* wahrgenommen.

Als Probleme werden genannt: die Schwierigkeiten der Migrantenkinder und ihrer Eltern mit der deutschen Sprache; die unterschiedlichen, aber oft nicht klar geäußerten Erwartungshaltungen der Eltern gegenüber der Einrichtung; das immer noch anzutreffende Misstrauen deutscher Eltern gegenüber der multikulturellen Zusammensetzung der Gruppen; die unterschiedlichen Essensgewohnheiten der Kinder; die manchmal sehr ungleiche Behandlung von Mädchen und Jungen in ihren Familien; die nur eingeschränkte Bereitschaft mancher ausländischer Eltern, vor allem mancher Väter, die Erzieher/-innen als kompetente und maßgebliche Gesprächspartnerinnen in Fragen der Erziehung und Bildung ihrer Kinder zu akzeptieren.

Diese Probleme können die Bereitschaft von Erzieher/-innen beeinträchtigen, sich konsequent auf das Initiieren, Begleiten und Unterstützen von interkulturellen und interreligiösen Lernprozessen einzulassen und sich die dazu erforderliche Professionalität anzueignen.

- Kulturelle und religiöse Vielfalt werden *verdrängt.*

Dieser Reaktionsform liegt die Meinung zugrunde, dass es sich bei den Migranten auf die gesamte Bevölkerung gesehen um eine deutliche Minderheit handelt, dass die Kinder aus Migrantenfamilien sich schnell in ihre Gruppen einleben oder dass sie

---

[10] In Anlehnung an: Pamela Oberhuemer, Pädagogik der Vielfalt: Kulturenvielfalt gehört dazu, in: Theorie und Praxis der Sozialpädagogik (TPS) 3/2001, S. 10–14.

sich möglichst bald unserer Sprache, unseren Umgangsformen und Essgewohnheiten anpassen sollten, dass sie bereits in der Kindertageseinrichtung erfahren, dass sie in einem Land mit eigener Kultur leben. Wenn all dies geschieht, wenn sich also die Migrantenkinder und ihre Familien an unsere Sprache, Kultur und Lebensweisen anpassen, dürfte die kulturelle Vielfalt keine Probleme machen.

Auch die Präsenz nichtchristlicher Religionen wird als marginal angesehen angesichts der Dominanz der christlichen Religion in unserem Land. Wer einer anderen Religion angehört, kann diese ja durchaus praktizieren – solange dies nicht das religiöse Leben der Christen stört oder gar zu einer öffentlichen Demonstration wird – was manche offensichtlich den Muslimen unterstellen –, dürfte das Nebeneinander unterschiedlicher Religionen in unserem Land kaum Probleme machen.

- Kulturelle und religiöse Vielfalt werden als *bedrohlich* empfunden.

Diese Reaktionsform ist zwar relativ selten klar identifizierbar und an signifikanten Antihaltungen von Erzieher/-innen festzumachen. Doch viele kommen nicht wirklich gut damit zurecht, dass ihre Einrichtung von zunehmend mehr Migrantenkindern besucht wird – in manchen Einrichtungen sind das heute bereits über 60 % –, dass die Zahl der deutschen Kinder rückläufig ist und die kulturelle und religiöse Vielfalt kaum noch unter einen Hut gebracht werden können. Auf all das, so sagen die Erzieher/-innen, wurden sie durch ihre Ausbildung nicht gut genug vorbereitet. Außerdem machen ihnen die Eltern der Kinder zu schaffen, die oft recht unterschiedliche Interessen und Erwartungen äußern, zum Teil mit Nachdruck ihr Mitspracherecht geltend machen, zum Teil sich passiv verhalten und kaum motiviert werden können zu sagen, was sie denken und wollen. Und schließlich haben manche Erzieher/-innen damit Probleme, dass auch ihre privaten Lebenswelten – ihr Wohnort, ihr Stadtviertel, ihr Einkaufszentrum, ihre Freizeitstätten – immer mehr von „Ausländern" bevölkert werden. Dies wird von vielen als beunruhigend bis beängstigend erlebt und ruft offene oder verdeckte Abwehrhaltungen hervor.

- Kulturelle und religiöse Vielfalt werden als *bereichernd* erfahren.

Die Zahl der Erzieher/-innen scheint jedoch zuzunehmen, für die die kulturelle und religiöse Vielfalt in ihren Kindertageseinrichtungen zur Normalität geworden ist. Nach ihrer Ansicht tragen die Kinder aus unterschiedlichen Ländern und Kulturen und mit ihrer Zugehörigkeit zu unterschiedlichen Religionen zur Buntheit und Lebendigkeit ihrer Einrichtung bei. Durch die Kinder und ihre Familien erfahren sie immer wieder Neues über andere Kulturen, Religionen, Lebenseinstellungen und -praktiken. Es interessiert sie, was diese Menschen an Wissen und Erfahrungen, an Bräuchen, Ritualen, Festen, Speisegewohnheiten, religiösem Leben, an Wohnkultur, Kunst und Musik mitbringen, wie sie mit unseren Traditionen, Festen, Lebensweisen und religiösen Praktiken zurechtkommen. Die multikulturelle und religiöse Vielfalt in ihren Einrichtungen halten bei vielen Erzieher/-innen die elementare – für eine gute pädagogische Arbeit unverzichtbare – Neugier auf die Kinder und ihre Familien wach und bewirken eine geistige Aufgeschlossenheit und Lebendigkeit.

- Kulturelle und religiöse Vielfalt werden zum *Ausgangspunkt für interkulturelle und interreligiöse Lernprozesse* gemacht.

Die meisten Erzieher/-innen geben sich mit dem Zustand, dass Kinder aus unterschiedlichen Ländern und Kulturen in ihrer Einrichtung lediglich nebeneinanderher leben, nicht zufrieden. Sie wollen, dass es zwischen den deutschen und den Migrantenkindern zu Begegnung, Austausch, gemeinsamen Spielen und Aktionen kommt. Dass Beziehungen und Freundschaften auch zwischen den Familien über kulturelle und religiöse Grenzen hinweg möglich sind und dass ihre Kindertageseinrichtung zu einem Lebens- und Wirkort für alle wird. Dies alles lässt sich nicht allein durch Planen und Organisieren erreichen, sondern macht Lernprozesse sowohl bei den Erzieher/-innen selber als auch bei den Kindern und ihren Familien notwendig.

Unbedingt erforderlich: interkulturelle und interreligiöse Kompetenzen

Die Ausgangssituation für eine interkulturelle und interreligiöse Erziehungs- und Bildungsarbeit ist in der Regel davon gekennzeichnet, dass die Erzieher/-innen und die Migrantenkinder und dass die deutschen und ausländischen Kinder sowie ihre Familien sich zunächst als Fremde gegenüberstehen. Diese Fremdheit ist durch ihre jeweilige Herkunftskultur, durch ihre Sprache, durch spezifische Formen der Lebens- und Beziehungsgestaltung bedingt.

Für das Gelingen interkultureller und interreligiöser pädagogischer Arbeit ist die Fähigkeit, mit Fremdem und Fremden umzugehen, eine Grundvoraussetzung. Diese Fähigkeit ist mit dem in der Fachwelt üblichen Begriff der „Fremdheitskompetenz“ gemeint.

Fremdheitskompetenz – eine Schlüsselbefähigung für interkulturelle und interreligiöse Erziehung[11]

Grundsätzlich gilt: Ein Mensch wird als fremd erlebt, solange in der Beziehung zu ihm die Ambivalenz vorherrscht, ob er zu einem gehört oder nicht, „Freund oder Feind“ ist, in eine beste-

[11] Gudrun Jakubeit/Karl Schattenhofer: Fremdheitskompetenz. Ein Weg zum aktiven Neben- und Miteinander von Deutschen und Fremden, in: Neue Praxis 26 (1996) S. 389–408.

hende soziale Ordnung hineinpasst und diese mitgestaltet oder nicht.

Aus dieser Unentschiedenheit erwachsen schnell soziale Konflikte. Denn mit Ambivalenzen lässt sich schlecht eine Beziehung gestalten. Deshalb tendiert der Mensch dazu, sich in seinem Bild vom Anderen sehr bald festzulegen, sich zumindest ein vorläufiges Urteil („Vorurteil") zu bilden. Erreichen solche Vorurteile eine Dynamik der Stigmatisierung, indem beispielsweise die Einheimischen und Etablierten den Zugezogenen ausschließlich mit Negativzuschreibungen begegnen, dann wird der Status des Fremden zementiert, der nicht dazu gehört bzw. sich eine Zugehörigkeit durch Anpassungsleistungen erst verdienen muss.

Eine solche Dynamik kann auch in umgekehrter Richtung in Gang kommen – dass nämlich Migranten Vorurteile gegen die Einheimischen entwickeln, die sich verfestigen und zu Antihaltungen werden, die bei Meinungsverschiedenheiten und Alltagskonflikten in offene Aggressionen eskalieren können. Denn die Einheimischen sind für die Zugereisten ebenfalls Fremde, mit einer fremden Sprache, mit befremdlichen Lebenseinstellungen und -gewohnheiten, mit ihren eigenen Umgangsformen, Sitten, Bräuchen sowie eigenen religiösen Einstellungen und Handlungsweisen.

Sollen diese möglichen sozialen Konflikte zwischen Einheimischen und Migranten jedoch konstruktiv durch die Beseitigung von Vorurteilen und durch die Respektierung des anderen verhindert bzw. gelöst werden, muss es zum Verstehen des Fremden kommen. Dies ist ein wesentliches Element der Fremdheitskompetenz, die als die Fähigkeit zu einem von Akzeptanz, Offenheit und Kooperationsbereitschaft bestimmten Umgang mit Menschen anderer nationaler und kultureller Herkunft und anderer Religionszugehörigkeit notwendig ist.

Fremdheitskompetenz setzt damit an, dass sich der Einzelne über die Herkunft, Kultur, Religion, Traditionen, Familienstrukturen und Lebensgewohnheiten von Zugezogenen kundig macht. Dies ist eine wesentliche Voraussetzung, um interkulturelle und interreligiöse Beziehungen aufzubauen. Dabei sollte dieses Wissen sich nicht auf eine Addition von Befunden und Daten beschränken. Zu einer Beschäftigung mit der Kultur, Sprache, Religion und Lebensart des anderen sollte möglichst auch eine Begegnung mit ihm hinzukommen. Dann wird es auch leichter sein, ihm die Freiheit zuzugestehen, anders zu sein und seine kulturelle Identität zu bewahren.

Zum Erwerb von Fremdheitskompetenz ist aber auch eine differenzierte Selbstbeobachtung und -reflexion notwendig. Von zentraler Bedeutung ist dabei das Erkennen der eigenen Vorlieben und Vorurteile und der oft unbewusst erworbenen Deutungs-, Integrations- und Ausgrenzungsmuster. Wichtig ist ebenso die Reflexion der Wertmaßstäbe, nach denen man andere Menschen beurteilt, und der Normen, die für die Gestaltung von zwischenmenschlichen Beziehungen maßgeblich sind.

Im Folgenden werden einige der Einstellungen und Haltungen erläutert, die zum Teil bereits in den „Leitlinien für das Verhalten von Erzieher/-innen“ aufgeführt wurden.

- *Wahrnehmung von Diversität* – gemeint ist zum einen die Fähigkeit, das Beobachten der Kinder – ein zentrales Element der pädagogischen Arbeit in einer Kindertageseinrichtung – auch auf ihre unterschiedlichen kulturellen, religiösen, ethnischen und Familienprägungen zu richten und die eigenen Reaktionsweisen differenzierter darauf abzustimmen; zum anderen sich selbst wahrzunehmen bezüglich der Reaktionen, die durch die Begegnung mit Kindern und Familien aus anderen Kulturen und Ethnien in einem ausgelöst werden, und sich ferner bewusst zu sein, dass man auch selbst für viele dieser Kinder und Eltern ein Fremder/eine Fremde ist.
- *Vorurteilsbewusste Beziehungsgestaltung* – gemeint ist die Fähigkeit, sich der Vorurteile, die grundsätzlich in jeder Bezie-

hung zwischen Menschen aufkommen, bewusst zu sein und aufgrund dieses Wissens verantwortlich mit dem anderen umzugehen. Dabei sollte man sich klar werden, welche Vorurteile den anderen auf ein negatives Bild fixieren, zu seiner Entwertung, Ausgrenzung, Stigmatisierung beitragen können, welche ihn aufwerten, idealisieren und dazu führen, dass man ihn gegenüber anderen bevorzugt.

- *Begegnungsfähigkeit – Bereitschaft zum Begegnungslernen* – gemeint ist die Fähigkeit, sich der Elemente bewusst zu sein, die eine Begegnung bestimmen, und stimmig damit umzugehen: Zu- oder Abgewandtheit, Augenkontakt, Sprechweise, Nähe und Distanz, Formen der Begrüßung und Verabschiedung, Signale von Interesse, Anteilnahme, Zugehörigkeit, Unterschiedlichkeit, Intensität des Vertrautmachens mit der Denk-, Glaubens- und Lebenswelt des anderen. Die Art der Begegnung und des Umgangs mit Menschen unterschiedlicher Herkunft kann nie nach Schablonen erfolgen, sonst kommt es statt zu einer Begegnung bloß zu einem formalen, oberflächlichen Zusammentreffen. Sich jeweils neu auf den Menschen gegenüber einzustellen und eine Umgangsform zu finden, die ihm und einem selbst adäquat erscheint, setzt die Bereitschaft voraus, seine Sensibilität, Kreativität und „Methoden" der Begegnung und Beziehung weiterzuentwickeln. Dies ist mit „Begegnungsbereitschaft" gemeint.
- *Kommunikative Kompetenzen – Dialogfähigkeit* – gemeint ist die Fähigkeit, seine verbalen und nonverbalen Kommunikationsformen variabel einzusetzen und auf den anderen, auf die momentane Situation, auf das Thema und die vorherrschende Atmosphäre abzustimmen. Soll daraus ein Dialog werden, müssen die Gesprächspartner in der Lage sein, ein elementares Interesse füreinander zu entwickeln, sich gegenseitig aktiv zuzuhören (also nicht nur das zu hören, was man gerne hören möchte, sondern auf das zu horchen, was wirk-

lich gesagt wird und diese Aufmerksamkeit durch Mimik, Gestik und Körperhaltung dem Gegenüber auch zu zeigen), die Ansichten, Standpunkte, Vorschläge, Wünsche, Botschaften des anderen gelten zu lassen und ebenso die eigenen deutlich zu machen mit dem Anspruch, dass sie gleichfalls gehört und respektiert werden.

- *Toleranzfähigkeit* – gemeint ist mehr als die allgemeine Bereitschaft, den anderen so sein zu lassen, wie er ist. Gemeint ist:
  - das Wissen um die Vorurteile und Stereotypen, mit denen jemand seine Mitmenschen beurteilt, und die Entscheidung darüber, ob diese oder ob andere Kriterien und Maßstäbe die Einstellung und den Umgang mit dem anderen bestimmen sollen;
  - die Erweiterung des Beurteilungsspektrums, in dem sich der andere bewegen kann, ohne vor-verurteilt zu werden;
  - Offenheit, Zuhörbereitschaft und die Fähigkeit, die Perspektive des anderen einzunehmen;
  - dem anderen die eigene Perspektive als eine berechtigte und respektable anzubieten;
  - einen gemeinsamen Nenner zu finden;
  - zumindest zu einem Status des Konvivens, also des friedlichen, sich gegenseitig achtenden Nebeneinanders zu finden;
  - Fantasie und Kreativität für gemeinsame Handlungsformen zu entwickeln.
- *Konfliktfähigkeit* – gemeint ist die Fähigkeit, Konflikte als eine legitime, oft notwendige und fruchtbringende Form der Beziehungsgestaltung zu akzeptieren (statt sie stets vermeiden oder zudecken zu wollen). Ferner die Fähigkeit, Konflikte mit fairen Mitteln und nach Verfahren, die möglichst mit dem Kontrahenten abgestimmt sind, auszutragen mit dem Ziel, eine gemeinsame Lösung bzw. einen Kompromiss zu finden. Konfliktfähigkeit setzt allerdings auch Kraft, Energie, einen kontrollierten Einsatz von Emotionen, Sachlichkeit, einen nüchternen Verstand, Stehvermögen, Ausdauer, Geduld,

ferner Belastbarkeit, ein konstruktives Denken, Fantasie, Kreativität, die Unterscheidung zwischen persönlicher Ebene und Sachebene voraus.

- *Lernfähigkeit* – gemeint ist die Fähigkeit, sich für neue Erfahrungen, Einsichten, Erkenntnisse offen zu halten, Korrekturen, notwendige Veränderungen und Wandlungen zuzulassen. Gemeint ist ferner die Fähigkeit, die zentralen von den Randthemen zu unterscheiden und in die Bereiche seine Energie, Zeit und Fantasie zu investieren, die sich als wirklich wichtig und lohnend herausgestellt haben. Entscheidend ist bei alldem, dass bei diesen Prozessen andere Menschen als Ergänzungen, Korrektive, Motivateure, Partner akzeptiert und einbezogen werden.
- *Kulturbewusstsein – kulturelle Sensibilität* – gemeint ist die Fähigkeit, sich seiner eigenen kulturellen Wurzeln, geschichtlichen Prägungen und der kulturellen Faktoren bewusst zu sein, die das Denken, Empfinden, den Geschmack und Lebensstil der Menschen hierzulande maßgebend beeinflussen. Dazu gehört auch die Fähigkeit, reflektierte und verantwortliche Bewertungen der unterschiedlichen Seiten der eigenen vergangenen und gegenwärtigen Kultur vorzunehmen. Zugleich bezieht sich die Kulturkompetenz auch auf die Wahrnehmung, das Kennen, Begreifen, Vertrautmachen, das Einschätzen und Gewichten der Kultur von Menschen, die aus anderen Ländern und Ethnien kommen.
- *Globales Bewusstsein – in globalen Bezügen denken* – gemeint ist die Fähigkeit, Verbindungen zwischen unserer multikulturellen Gesellschaft und den globalen, europa- und weltweiten Wanderungsbewegungen herzustellen, die Bedeutung des Gelingens von multikulturellen und interkulturellen Lebens- und Arbeitsformen für unser Land und die Zukunft Europas einschätzen zu können, die Notwendigkeit des Lernens und Einübens solcher Lebensformen durch eine interkulturelle Erziehungs- und Bildungsarbeit mit den Kindern von klein

auf auch vor dem Hintergrund der globalen Entwicklungen gewichten zu können.

Nicht alle diese Kompetenzen und Fertigkeiten sind für die interreligiöse pädagogische Arbeit von Erzieher/-innen in Kindertageseinrichtungen gleichermaßen erforderlich. Gefragt sind vor allem die Kompetenzen, die sich auf die Gestaltung der Beziehungen und Interaktionen mit den Kindern und ihren Eltern beziehen – also

- die Bereitschaft und Fähigkeit, die eigenen Einstellungen und Verhaltensweisen zu reflektieren, einschließlich der Vorurteile, die jeder Mensch gewöhnlich gegenüber anderen Menschen entwickelt;
- die Fähigkeit, auch die „Brille" des anderen aufzusetzen und nachzuvollziehen suchen, wie die Kinder und Eltern aus anderen Kulturen und Religionen uns sehen, was sie in der deutschen Umgebung an Eigenem wahren, leben und auch in die Kindertageseinrichtung einbringen möchten (Multiperspektivität);
- die Fertigkeit, mit Menschen zu kommunizieren, die anders glauben und leben als man selbst, also sich auf eine gemeinsame Sprache, auf gemeinsame Bilder und Handlungen zu verständigen;
- die Bereitschaft, das eigene interkulturelle und interreligiöse Engagement in der Kindertageseinrichtung als einen Beitrag zu mehr Verständnis und Solidarität in der Lebenswelt der Kinder zu sehen und sich mit Menschen, die in diesen Lebenswelten ähnliche Ziele verfolgen, zusammenzutun.

Fragen für das Teamgespräch

- Schätzen wir uns so ein, dass wir den Herausforderungen gewachsen sind, die eine interreligiöse pädagogische Arbeit an uns stellt?

- Wenn ja, worauf können wir das zurückführen? Wenn nein, was müssen wir unternehmen, um die erforderlichen Fähigkeiten zu erwerben?
- Mit welcher Einstellung geht jede/jeder von uns an die Arbeit mit Migrantenkindern und andersgläubigen Kindern?
- Was hat sich an unseren eigenen religiösen Überzeugungen bzw. an unseren grundsätzlichen Ansichten über den Menschen, das Leben, den Sinn des Daseins durch unsere interreligiöse pädagogische Arbeit geändert?
- Haben wir das Gefühl, dass wir an Professionalität durch unsere interkulturelle und interreligiöse Arbeit gewonnen haben?
- Können wir der interreligiösen Erziehung, die wir praktizieren, auch etwas für uns persönlich abgewinnen?

4 Basiswissen Religionen – Konsequenzen für die interreligiöse Erziehung

Eine wesentliche Voraussetzung für das Gelingen interreligiöser Erziehung besteht darin, dass Erzieher/-innen sich ein Grundwissen über die unterschiedlichen Religionen angeeignet haben. Gemeint ist ein Wissen, das nicht nur die Kenntnisse von Daten und Fakten aus der Welt der Religionen enthält. Dazu gehört vielmehr auch die Einsicht darin, was einzelne Inhalte für die Angehörigen einer Religion bedeuten und welchen Stellenwert sie in ihrem Leben haben.

Im Folgenden werden die großen Weltreligionen in groben Zügen vorgestellt; auf detaillierte Ausführungen wird – vor allem bei den fernöstlichen Religionen und der jüdischen Religion – deshalb verzichtet, weil es zahlreiche anschaulich aufbereitete Publikationen gibt, die einen guten Einblick über die unterschiedlichen Religionen bieten. Zudem ist die Zahl der Kinder, die einer anderen Religion angehören, sehr ungleich verteilt. So gibt es bedeutend mehr muslimische Kinder in deutschen Kindergärten als jüdische, hinduistische und buddhistische.

Am Ende der Ausführungen zu den einzelnen Religionen erfolgen jeweils Hinweise darauf, was bei der interreligiösen Erziehung beachtet werden sollte.

Im Folgenden werden die großen Weltreligionen nach folgenden Gesichtspunkten vorgestellt:

- Wie ist die Religion entstanden und wie hat sie sich im Laufe der Geschichte entwickelt?

- Welche Schriften gelten als die maßgeblichen heiligen Dokumente in dieser Religion?
- Woran glauben die Angehörigen dieser Religion?
- Was ist für das Leben und Handeln der Angehörigen dieser Religion maßgeblich?
- Wie wird hier religiöse Erziehung verstanden?
- Worauf sollte man bei der interreligiösen Erziehung mit Kindern achten, die dieser Religion angehören?

Zunächst werden die Religionen vorgestellt, die in unserem Kulturraum den größten Einfluss haben – die jüdische, die christliche und die islamische Religion. Zudem haben diese drei Religionen die gleichen Wurzeln und liegen in ihrem Glauben an Gott, an die Schöpfung, den Sinn der Geschichte, die Bestimmung des Menschen und in ihrer Ethik nahe beieinander.

Judentum, Christentum und Islam haben einen gemeinsamen Ursprung – die Gotteserfahrung Abrahams, aus der sich der Glaube an einen und einzigen Gott entwickelt hat. Deshalb werden diese drei Religionen auch als „abrahamitische Religionen" bezeichnet. Sie glauben ferner daran, dass sich die Geschichte Gottes mit Abraham in der Geschichte des Volkes Israel fortgesetzt hat. Hier erfolgte immer wieder die Bestätigung, dass es nur diesen einen Gott gibt. Von ihm hat alles seinen Ursprung, er ist der Souverän des Universums, der Herr des Lebens und der Geschichte; zugleich ist er aber auch ein den Menschen zugewandter Gott. So hat er sich ihnen jedenfalls zu erkennen gegeben – durch seine Schöpfung, durch einzelne Menschen, die auf seine Weisung hin öffentlich aufgetreten sind und seine Botschaft verkündet haben, ferner durch Zeichen und Ereignisse in der Geschichte.

Diese Offenbarung Gottes, an der Judentum, Christentum und Islam gleichermaßen festhalten (Offenbarungsreligionen), bildet das Fundament dafür, welches Gottes- und Menschenbild sie jeweils vertreten, wie sie den Verlauf der Menschheitsgeschichte verstehen, welche Vorstellungen sie über das Ende dieser Geschichte haben und wie sie über ein Leben nach dem Tod denken.

Schließlich leiten diese drei Religionen auch ihre Ethik und die Maßgaben für das tägliche Leben miteinander von der Offenbarung Gottes ab. Diese ist dokumentiert in den heiligen Schriften, über die jede dieser Religionen verfügen (Buch- oder Schriftreligionen).

Jede der drei Religionen erkennt unterschiedliche Personen als die eigentliche Offenbarungsinstanzen an – im Judentum sind es Abraham, Moses und die Propheten; im Christentum ist über diese hinaus Jesus von Nazareth die entscheidende Gestalt für die Mitteilung Gottes und seine Beziehung zu den Menschen; im Islam wird Mohammed als der letzte und maßgebende Prophet Gottes verehrt. Deshalb haben sich auch in den Religionen jeweils spezifische Vorstellungen herausgebildet von Gott und Mensch, Leben und Tod, dem Sinn der Geschichte und der Art und Weise, wie die Menschen nach dem Willen Gottes leben sollen.

Die jüdische Religion ist die älteste der drei abrahamitischen bzw. Offenbarungsreligionen; die anderen beiden haben in der Religion der Juden ihre Wurzeln. Deshalb soll sie als erste der Weltreligionen vorgestellt werden.

4.1 Glaube und religiöses Leben der Juden

Obwohl jüdische Kinder in unseren Kindertageseinrichtungen eher selten anzutreffen sind, ist es sinnvoll, sich als Erzieher/-in ein Grundwissen über den Glauben und das religiöse Leben der Juden anzueignen. Denn zum einen steht die jüdische Religion der in unserem Land am meisten verbreiteten christlichen Religion am nächsten, und manches an der christlichen Religion ist nur verständlich, wenn man sich ihrer Wurzeln in der Geschichte des Judentums bewusst ist. Das trifft vor allem auf die Behandlung von Texten und Gestalten aus dem Teil der Bibel zu, den die Christen „Altes Testament" nennen, der den ersten Teil ihrer Bibel darstellt und der zugleich die Heilige Schrift der Juden ist (allerdings von diesen nicht „Altes Testament" genannt wird).

Zum anderen finden sich – darauf wurde bereits hingewiesen – auch im Islam viele Bezüge zur jüdischen Religion: Er stimmt in manchen Glaubensaussagen mit ihr überein und anerkennt eine Reihe von Frauen und Männern aus der Geschichte des Judentums als Personen, die auch für den Glauben der Muslime bedeutsam sind.

Die Beschäftigung mit der jüdischen Religion kann also auch zu Erkenntnissen und Einsichten führen, die für das Verständnis der christlichen und islamischen Religion aufschlussreich sind.

Schließlich ist es ein Kriterium für die Glaubwürdigkeit des interreligiösen Engagements von Erzieher/-innen, wie sie bei der Behandlung von Texten und Gestalten der Bibel und von Aussagen des christlichen Glaubens, die in engem Bezug zur Geschichte der jüdischen Religion stehen, mit dieser Religion umgehen – ob sie beispielsweise Jesus als einen von den Juden verkannten und verratenen Propheten portraitieren oder ob sie ihn als einen gläubigen Juden darstellen, der sich ganz und gar zum jüdischen Volk und seiner Religion zugehörig fühlte, der diese Religion liebte und sein Leben danach ausrichtete, die Religion aber erneuern und den Menschen zugänglicher machen wollte.

Präsenz von Angehörigen der jüdischen Religion in Deutschland

Weltweit gibt es ca. 14 Millionen Juden, das sind etwa 0,4 % der Weltbevölkerung.

Durch die Ermordung von nahezu 6 Millionen europäischer Juden durch die Nationalsozialisten wurde das jüdische Leben in Europa nahezu völlig ausgelöscht. Zuvor hatten die Juden vor allem in Deutschland Kultur und Wissenschaft maßgeblich mitgeprägt. Der Holocaust setzte dem auf grausame Weise ein Ende. Erst allmählich wächst die Zahl der Juden in Europa und auch in Deutschland wieder. Doch gerade in unserem Land ist eine große Skepsis seitens der jüdischen Mitbürger gegen alle Institutionen und Maßnahmen zu spüren, durch die deutsche Denkarten und Lebensweisen zu einem Maßstab auch für Menschen aus anderen Ländern und Kulturen und mit anderen religiösen Überzeugungen gemacht werden könnten. Das wirkt sich nicht zuletzt auf die Beziehung jüdischer Eltern zu deutschen Kindertageseinrichtungen und die hier praktizierte interkulturelle und interreligiöse pädagogische Arbeit aus. Jeder Anschein einer religiösen Beeinflussung der Kinder dürfte auf den Argwohn jüdischer Eltern bis zum Widerstand führen.

„Zurzeit gibt es in Deutschland bei einer Gesamtbevölkerung von 87 Millionen Einwohnern über 90.000 Juden. 1933 waren es ca. 570.000.

In den 83 im Zentralrat der Juden zusammengeschlossenen Gemeinden sind ca. 90.000 Mitglieder erfasst. Daneben finden sich viele Juden, die keiner Gemeinde angehören oder die sich den in den vergangenen Jahren neu gegründeten liberalen Gemeinden angeschlossen haben.

Der Zentralrat der Juden wurde 1950 mit dem Ziel gegründet, für die wenigen Juden in Deutschland eine einheitliche Stimme und Interessenvertretung in einer nichtjüdischen Umwelt zu schaffen. Für Politik und Gesellschaft ist er der zentrale jüdische Ansprechpartner. Der Zentralrat gibt die ‚Allgemeine jüdische Wochenzeitung' heraus, ist Träger der ‚Hochschule für Jüdische Studien in Heidelberg' und mit der ‚Zentralwohlfahrtsstelle der Juden in Deutschland' verbunden, die als Freier Wohlfahrtsträger anerkannt ist.

Die ‚Jüdische Gemeinde zu Berlin' hat als größte Gemeinde derzeit über 12.000 Mitglieder (Stand 2001). Es gibt sieben Synagogen, zwei rituelle Tauchbäder, Kindergärten, Schulen, Einrichtungen der Erwachsenenbildung und jüdischen Sozialarbeit. Daneben finden sich verschiedene Gruppen innerhalb und außerhalb der Gemeinde. Jüdische Schulen gibt es auch in Frankfurt, München und Düsseldorf.

Jüdisches Leben in Deutschland wird seit der Einwanderung von ca. 50.000 Juden aus den ehemaligen Sowjetstaaten wieder verstärkt auch international wahrgenommen. Dennoch sind jüdische Einrichtungen nach wie vor darauf angewiesen, besonders geschützt zu werden. Antisemitische Ausschreitungen und Übergriffe, Bedrohungen und Beschimpfungen nehmen seit Jahren ständig zu."[12]

Entstehung und Geschichte der jüdischen Religion

Die Anfänge der jüdischen Religion gehen auf Abraham zurück, der als der Stammvater der Juden gilt. Er lebte mit seiner Großfamilie in der Gegend zwischen Euphrat und Tigris, dem heutigen Irak. Ihm hat sich – das glauben Juden, Christen und Muslime gemeinsam – Gott als der eine und einzige Gott erfahrbar gemacht (geoffenbart) und ihm verheißen, dass aus seiner Sippe ein großes Volk entstehen würde und zwar in einem Land, das

[12] Wolfgang Raack u. a., Recht der religiösen Kindererziehung. Unser Kind und seine Religion. München. Deutscher Taschenbuch Verlag 2003 (Beck Rechtsberater im dtv; 5676), S. 40.

Gott Abraham und seinen Nachkommen als bleibende Stätte hier auf Erden geben werde. An der Geschichte Gottes mit diesem Volk sollte alle Welt erkennen, wer Gott für die Menschen sei und wie diese sich Gott gegenüber, zueinander und zur übrigen Schöpfung verhalten sollten.

Abraham zog mit seiner Sippe nach Westen in das Land zwischen Damaskus und Jerusalem, das sie Kanaan nannten und das sie als das von Gott verheißene Land ansahen. Allerdings kam Abrahams Sippe wie auch andere Großfamilien als Nomaden hierher, die vorwiegend von der Viehzucht lebten. In Zeiten des ausbleibenden Regens fanden sie keine hinreichenden Weideflächen für ihre Herden und es kam zu Hungersnöten. Das zwang die Sippen weiterzuziehen. Dazu bot sich nur das vom Regen unabhängige Niltal in Ägypten an. Die in Ägypten Zuflucht suchenden Stämme mussten hier jedoch Fronarbeit für den Pharao leisten. Die aus der Sippe des Abraham hervorgegangenen Stämme – sie nannten sich „die Kinder Israels", weil einer ihrer Vorfahren, Jakob, ein Enkel Abrahams, von Gott den Namen „Israel" (Gottesstreiter) erhalten hatte – flohen unter der Führung des Moses im 13. Jahrhundert v. Chr. aus Ägypten und kehrten, nachdem sie vierzig Jahre durch die Wüste gewandert waren, ins Gelobte Land nach Kanaan zurück. Während der Wüstenwanderung geschah ein für den Glauben der Juden bedeutsames Ereignis: Gott offenbarte sich dem Moses auf dem Berg Sinai und gab ihm die Zehn Gebote. Damit bestätigte er den Bund, den er bereits mit Abraham geschlossen hatte. Dieser bestand in der verbindlichen Zusage Gottes, zu Israel als dem vor allen Völkern bevorzugten Volk zu stehen, es durch die Geschichte zu begleiten und sich in ihr als der wahre und einzige Gott zu erweisen. Im Gegenzug dazu sollte Israel an ihm als seinem Gott festhalten, sich also auf keine der von den umliegenden Völkern verehrten Götter einlassen, und den Weisungen (Zehn Geboten) seines Gottes folgen. Die Gesetzestafeln, die Moses auf dem Sinai von Gott erhalten hatte, sowie weitere

Rechtsvorschriften und Kultgeräte wurden im Heiligtum der Israeliten, der Bundeslade, aufbewahrt, die sie auf ihrer Wüstenwanderung mit sich führten. Sie wurde später der Mittelpunkt des Tempels, den das Volk in Jerusalem errichtete. Zuvor musste dieses allerdings in langwierigen kriegerischen Auseinandersetzungen das Land Kanaan erobern. Ab 1200 v. Chr. konnte es sich hier dauerhaft festsetzen. Aus dem aus Nomadenstämmen bestehenden Volk wurde ein sesshaftes Volk von Viehzüchtern und Bauern.

Nun begann eine sehr wechselvolle Geschichte, in der es sowohl zur Staatsgründung und zum Erstarken des Volkes kam, in der es aber auch immer wieder Angriffe von außen, Eroberungen, Unterwerfungen und Verschleppungen gab. Entscheidend für das Fortbestehen des Volkes und für seine Einheit war der Glaube an den Gott Jahwe, der sich zum Schutz und Beistand in dem oben genannten Bund verpflichtet und Israel eine führende religiöse Rolle verheißen hatte. Dieser Glaube zeigte sich darin, dass das Volk ihn im Kult bezeugte und die religiösen Gesetze befolgte.

Vor allem die von Gott berufenen und beauftragten Propheten hatten die Aufgabe, das Volk zur Treue zu seinem Gott und zu einer ihm gefälligen Lebensführung zu ermahnen. Dies geschah besonders in solchen Zeiten, in denen es Gefahr lief, sich anderen Göttern und Kulten zuzuwenden.

Unter König David entstand um 1000 v. Ch. durch die Vereinigung des im Norden Kanaans angesiedelten Stammesverbundes, der sich Israel nannte, und des im Süden gelegenen Stammesverbundes mit Namen Juda ein Großreich mit Jerusalem als politischer und religiöser Hauptstadt. Davids Sohn und Nachfolger Salomon ließ hier den Tempel errichten, der zum Symbol der nationalen Einheit wurde und es bis heute ist. Nach dem Tod Salomos kam es zu kriegerischen Auseinandersetzungen zwischen den Nord- und den Südstämmen; das Reich zerfiel in zwei sich feindlich gegenüberstehende Königtümer, Israel und Juda. Das Nordreich wurde 722/21 v. Chr. von den Assyrern erobert und aufgelöst. „Von nun an gab es nur noch die Abkömmlinge des Stammes Juda, die Juden."[13]

63 v. Chr. nahmen die Römer Jerusalem ein. Juda wurde zur römischen Provinz Judäa. Die von den Römern eingesetzten Könige, Herodes und seine Nachfolger, übten eine rigorose Steuerpraxis und andere Repressalien aus. Es kam immer wieder zu Unruhen und Aufständen. Diese wurden alle von den Römern niedergeschlagen. Im Jahr 70 n. Chr. wurde Jerusalem und mit ihm der Tempel zerstört. Mit der Vernichtung des Tempels – die heute noch existierende „Klagemauer" ist der letzte Rest – verloren die Juden ihren religiösen und nationalen Mittelpunkt. Nachdem die Juden nach der Niederschlagung des letzten Aufstandes unter Bar Kochbar (135 n. Chr.) aus Judäa vertrieben worden waren, lebten sie über Jahrhunderte in der Diaspora überall auf der Welt. Seit der Gründung des Staates Israel im Jahr 1948 leben wieder mehr als 4 Millionen Juden in dem Gebiet des ehemaligen Judäa. Sie betrachten ihr Land als von Gott verheißen an, das ihnen niemand mehr streitig machen darf.

In der hier nur in groben Zügen skizzierten Geschichte der Juden und ihrer Religion sehen diese die Geschichte Gottes mit den Menschen exemplarisch realisiert – obwohl es viele Zeiten des Unglücks und Schreckens für die Juden gab, in denen, wie in dem von den deutschen Nationalsozialisten verübten Holocaust, ihr Glaube bis aufs Äußerste auf die Probe gestellt wurde. Die Geschichte Israels wird von Juden, Christen und Muslimen als einen Teil der von Gott initiierten Heilsgeschichte betrachtet, die sich aber für Christen und Muslime jeweils anders fortsetzt – für Christen in der neuen und endgültigen Offenbarung Gottes in Jesus Christus und der mit ihm beginnenden neuen Heils-

---

[13] Thomas Schweer, Stichwort Judentum. München: Heyne Verlag 2. Aufl. 1994 (Heyne-TB Sachbuch 19/4055), S. 16.

geschichte Gottes mit den Menschen; für die Muslime in der Offenbarung Allahs an Mohammed, die im Koran niedergeschrieben und für die Gläubigen verpflichtend ist.

Die heiligen Schriften der Juden

Zu den heiligen Schriften der Juden gehören:

1. *Die jüdische Bibel.* Sie umfasst: a) die Thora (Lehre, Unterweisung) – sie enthält die „Fünf Bücher Moses", also die ersten fünf Bücher des „Alten Testaments" der christlichen Bibel. Sie wurden nicht von Moses selbst verfasst, aber enthalten als Kernstück die Erzählung vom Bund, den Gott mit Moses geschlossen hat, die Gesetzgebung in Gestalt der Zehn Gebote und die Beschreibung des Neubeginns der jüdischen Glaubensgeschichte mit neuen Gesetzen und neuem Kult seit Moses. Neben der Thora umfasst die Bibel der Juden ferner: b) die Bücher der Propheten (Neviim) und c) eine Sammlung weiterer Schriften (Ketuvim), wie: die Psalmen, das Buch der Sprüche, das Buch Hiob, das Hohelied, das Buch Rut usw. Das Leben der Juden, das „profane" wie das religiöse, orientiert sich in erster Linie an der Thora.

2. *Der Talmud.* Er besteht aus einer Sammlung von Schriften, die Auslegungen der Bibel und zahlreiche Weisungen, Sitten und Gebräuche für die Gestaltung des alltäglichen Lebens enthalten.

Für die Auslegung der genannten Schriften sind die Rabbiner zuständig, die in den Synagogen lehren und dem Gottesdienst vorstehen.

Der Glaube der Juden

„Der Glaube an den einen Gott, die Befolgung seiner Gebote, die in der Thora niedergelegt sind, tätige Nächstenliebe und die Bindung an das Land, das den Israeliten als Heimat gegeben wurde, sind die Grundbestandteile des Judentums."[14] Das Befolgen der Gebote und Weisungen Gottes, des Schöpfers von Himmel und Erde und des Herrn der Welt, das Bekunden des Glaubens in kultischen Handlungen, bei Festen und Feiern, ist für die Juden bedeutsamer, als über Gott und sein Wesen zu spekulieren. Ein solches Leben und Handeln nach den Vorgaben Gottes ist entscheidend für das Schicksal des Menschen nach seinem Tod. Denn nur so kann er beim Gericht Gottes bestehen und in die Gemeinschaft mit ihm, in den „Himmel" eingehen. Wie Gott jedoch beim Gericht handeln wird, nach welchen Gesichtspunkten er belohnt und bestraft, bleibt sein Geheimnis, ist Ausdruck seiner Souveränität und Unverfügbarkeit.

Zu diesem Glauben an Gott gehört auch das Festhalten an seiner Verheißung, dass Gott einen Messias senden wird. Er wird die Welt neu ordnen und alle Menschen erkennen lassen, wer Gott ist und welche Welt er für sie vorgesehen hat. „Die orthodox Gläubigen erwarten den Messias heute als leibhaftige Person, andere sehen in der messianischen Prophezeiung ein Bild für eine zukünftige Ordnung der Welt, die allen Menschen Frieden und Gerechtigkeit bringen wird. Wann es so weit sein wird, entzieht sich dem Wissen und jeder Berechnung. Für einen Juden ist es entscheidend, durch tätigen Glauben daran mitzuwirken, dass die Welt auf das Kommen des Messias – ob in leibhaftiger oder symbolischer Form – vorbereitet ist."[15]

Den Glauben der Christen, dass in Jesus von Nazareth dieser Messias bereits erschienen ist, teilen die Juden nicht. Dagegen sprechen für sie vor allem der Selbstanspruch Jesu, Gottes Sohn zu sein, und seine Kreuzigung. Ein solches schmähliches Verenden können sie unmöglich als einen Teil des Erlösungsgeschehens ansehen, wie es die Christen tun, für die freilich die Auf-

---

[14] Ebd., S. 62.
[15] Ebd., S. 66.

erstehung Jesu vom Tod dazugehört. Auch einen solchen Auferstehungsglauben lehnen die Juden ab.

Menschenbild und Ethik der jüdischen Religion

Der Mensch ist das bevorzugte Geschöpf Gottes. Er ist Gottes „Ebenbild", das heißt: Er ist mit besonderen Gaben ausgestattet, die ihn Gutes und Böses erkennen, die ihn die Schöpfung souverän gestalten lassen, die ihn zum Partner Gottes machen. Das macht die Würde des Menschen aus, die jedem unabhängig von seinem Geschlecht, seiner kulturellen Herkunft, seinem sozialen Stand und seinen Fähigkeiten und Leistungen zukommt.

Die Bestimmung des Menschen besteht vor allem in einem Leben nach den Weisungen Gottes. Es steht ihm frei, sich dafür oder dagegen zu entscheiden. Gottes- und Nächstenliebe sind die Kernmomente der jüdischen Ethik. Davon sollen der Umgang von Mann und Frau, der Angehörigen in den Familien, der Menschen in ihrem sozialen Umfeld bestimmt sein.

Gottesdienst, Feste und häusliche Feiern spielen im Leben gläubiger Juden eine bedeutende Rolle. Durch sie zeigen sie ihre Verbundenheit mit den Vorfahren und den anderen Juden, die weltweit in der Diaspora leben.

Die Gottesdienste finden gewöhnlich in Synagogen statt. Hier trifft man sich zum gemeinsamen Gebet und zum Studium der heiligen Schriften. Hier erfolgt auch die Unterrichtung der Gemeinde durch den Rabbiner. Die Gläubigen sollen in der Lage sein, die religiösen Traditionen auch in schwierigen Zeiten zu bewahren und weiterzugeben.

Beim Gottesdienst in der Synagoge sind Frauen und Männer getrennt. Die Frauen nehmen auf der Galerie oder in einem Nebenraum Platz, während sich die Männer in einem Raum in der Mitte aufhalten rund um ein Podest (Bima), auf der die Thorarolle ausgebreitet wird. Beim Gottesdienst wird von einem Vorleser aus dieser Schriftrolle vorgelesen. Die Thoraabschnitte sind so aufgeteilt, dass im Laufe des Jahres die ganze Thora, also alle fünf Bücher des Moses, vorgetragen werden.

Nach dem Verlesen des Textes wird die Thora wieder zusammengerollt und feierlich in den Schrein geräumt, der sich am Kopfende des Raumes befindet. Vor diesem Schrein – oder an einer anderen Stelle des Raumes – brennt ein „ewiges Licht“, wie es einst im Tempel gebrannt hat. Es soll – ähnlich wie dies in katholischen Kirchen der Fall ist – die Anwesenheit Gottes symbolisieren.

Beim Gottesdienst müssen wenigstens zehn männliche Juden von mindestens 13 Jahren anwesend sein.

Für gottesdienstliche Handlungen, das Gebet und das Feiern von Festen ist die Reinheit der Teilnehmenden äußerst wichtig. Deshalb gibt es im Judentum – ähnlich wie im Islam – zahlreiche rituelle Waschungen und strenge Speisegebote. Zu diesen gehört neben dem Verbot, Schweinefleisch zu essen, auch die Vermeidung von allen Fleischspeisen, die Spuren von Blut enthalten, und weiterer Nahrung, die nicht rein (koscher) ist.

Am Freitag bereiten sich die Juden auf den Sabbat vor. Dieser wichtige Wochenfeiertag beginnt vom Sonnenuntergang am Freitag und endet mit dem Sonnenuntergang am Samstag. Fromme Juden enthalten sich am Sabbat jeglicher Arbeit.

Auffassungen von religiöser Erziehung

Im Zentrum der religiösen Erziehung im Judentum steht das Lernen der heiligen Schriften und das Einüben in das religiöse Leben nach der Tradition der Väter, also nach den zahlreichen Vorschriften, wie sie seit alters her eingehalten werden. Die religiöse Unterweisung erfolgt entsprechend dem geistigen Entwicklungsstand der Kinder. Der primäre Ort ist die Familie, in der die Kinder durch die Unterweisung der Eltern einen Zugang zu den Inhalten des jüdischen Glaubens und seiner Bedeutung für den

Alltag erhalten; dabei ist das Vorbildverhalten der Eltern von großer Bedeutung. Ferner lernen die Kinder in der Familie die Feste und Bräuche des Glaubens und die jüdischen Werte kennen.

Neben der Familie ist vor allem die Gemeinde für die religiöse Erziehung der Kinder verantwortlich. Vielfach geschieht sie durch ein Gemeindemitglied oder durch den Rabbiner und besteht im Lernen der Geschichte und Traditionen des jüdischen Volkes, im Studium und in der Erklärung der heiligen Schriften und im vertieften Kennenlernen der religiösen Weisungen und Vorschriften für die Alltagsgestaltung.

„Die Religionsmündigkeit, also die Zeit, von der an ein Junge bzw. ein Mädchen für die Einhaltung der jüdischen Gebote verantwortlich ist, erreicht ein Junge mit seinem 13. Geburtstag, ein Mädchen mit dem 12. Geburtstag."[16] Häufig wird das Erreichen der Religionsmündigkeit eines Jungen oder eines Mädchens mit einem Fest begangen.

Anhaltspunkte für die interreligiöse Erziehung in Kindertageseinrichtungen

Wenn jüdische Kinder unsere Kindertageseinrichtungen besuchen, sollte bei der interreligiösen Erziehung auf Folgendes geachtet werden:

Mit den Eltern sollte darüber gesprochen werden, worauf bei ihrem Kind bei der religiösen Erziehung Rücksicht zu nehmen ist.

Bei den Mahlzeiten ist darauf zu achten, dass ein jüdisches Kind seine Speisevorschriften einhalten kann – also kein Schweinefleisch oder andere nicht koschere Speisen auftragen. (Was alles darunter fällt, kann von den Eltern erfragt werden. Ein Gespräch

---

[16] Recht der religiösen Kindererziehung. Unser Kind und seine Religion. München. Deutscher Taschenbuch Verlag 2003 (Beck Rechtsberater im dtv; 5676), S. 60.

über solche Fragen kann zudem einen guten Einstieg in einen Austausch über religiöse Inhalte und Lebensweisen ermöglichen.)

Beim gemeinsamen Beten und Singen sollten solche Texte und Lieder gewählt werden, die auch jüdische Kinder mitbeten und -singen können, in denen beispielsweise Gott als der Schöpfer angesprochen wird, als der Vater der Menschen, an den sie sich mit ihren Bitten, mit ihrem Lob und Dank wenden, auf den sie vertrauen können. Bei Jesustexten sollten solche ausgesucht werden, in denen Jesus als Menschenfreund, als Helfer und Heiler erscheint; Hinweise auf seinen Kreuzestod und seine Auferstehung sollten möglichst vermieden werden, weil dies mit dem Bild von Jesus, das jüdische Kinder kennen, nicht vereinbar ist.

Geschichten aus dem Alten Testament sind für christliche wie jüdische – und auch muslimische – Kinder gleichermaßen interessant und sollten gegenüber Texten aus dem Neuen Testament bevorzugt werden.

Bei der Behandlung von Fragen, wie man nach den Weisungen seines Glaubens mit anderen Menschen umgehen soll, ist eine differenzierte Abstimmung auf jüdische Kinder nicht notwendig, da im Judentum wie im Christentum – wie auch im Islam – auf ein friedliches, solidarisches, gemeinschaftsstiftendes Verhalten gleichermaßen Wert gelegt wird.

Wenn sich eine Synagoge in der Nähe der Kindertageseinrichtung befindet, sollte ein Besuch mit den Kindern in Erwägung gezogen werden. Allerdings empfiehlt sich dies eher für ältere Kinder und für Schulkinder, da ein solcher Besuch nur sinnvoll ist, wenn die Kinder in der Lage sind, sich der Würde des Raums entsprechend zu verhalten und sich auf das zu konzentrieren, was der Rabbiner erklärt.

Der Besuch einer Synagoge sollte mit einem Gegenbesuch in einer christlichen Kirche verbunden werden. Dadurch kann den Kindern vor Augen geführt werden, wie nahe verwandt die Religion der Juden und die der Christen sind, worin sie sich aber auch deutlich unterscheiden.

4.2 Die christliche Religion – Glaube und Leben der Christen

Die christliche Religion ist nicht nur zahlenmäßig die größte in Deutschland. Sie hat über Jahrhunderte die Kultur, die Ethik, die Rechtsprechung und das gesellschaftliche und private Leben der Menschen in unserem Land und im europäischen Kulturraum geprägt. Wenn es um Fragen der religiösen Erziehung und Bildung in den Bildungseinrichtungen hierzulande geht – von Kindertageseinrichtungen über die Schulen bis zu den Institutionen der Erwachsenenbildung –, ist in erster Linie die christliche Religion gemeint.

Obwohl die meisten Erzieher/-innen in Kindertageseinrichtungen, vor allem in solchen, in denen eine religiöse Erziehung praktiziert wird, über ein Grundwissen verfügen dürften, soll die christliche Religion im Folgenden kurz vorgestellt werden.

Präsenz der christlichen Religion in Deutschland

Fast 65 Millionen Deutsche bekennen sich zum christlichen Glauben. Allerdings besteht zwischen dem Westen und dem Osten Deutschlands ein großer Unterschied: „Mit mehr als 70 % stellen in Ostdeutschland die Konfessionslosen die große Mehrheit der Bevölkerung, und in den Städten fällt dieser Anteil noch erheblich höher aus … In Westdeutschland blieb die Kirchenmitgliedschaft insgesamt mit zurzeit ca. 78 % auf relativ hohem Niveau.“[17]

Trotz dieser Unterschiede zwischen West und Ost ist die christliche Religion in Deutschland weit verbreitet. Sie wird re-

---

[17] Monika Wohlrab-Sahr, Konfessionslos gleich religionslos? – Überlegungen zur Lage in Ostdeutschland, in: Götz Doyé/Hildrun Kessler (Hrsg.): Konfessionslos und religiös. Gemeindepädagogische Perspektiven. Leipzig: Evangelische Verlagsanstalt 2002, S. 11–27.

präsentiert durch die christlichen Kirchen, die als die „Sozialgestalten des Glaubens“ aus der Gemeinschaft der Gläubigen bestehen und über einen hohen Grad an Organisationen und Strukturen verfügen. Die Kirchen sind in fast allen Lebensräumen der Menschen präsent: In nahezu jedem größeren Ort befindet sich eine Kirche; hier werden Gottesdienste gefeiert, hierher kommen die Menschen zum Beten, zum Singen, Meditieren und um sich über die Inhalte ihres Glaubens und über Fragen eines christlichen Lebens unterweisen zu lassen. Die Kirchen gehören in der Regel zu einer Kirchengemeinde. Durch diese Kirchengemeinden ist die christliche Religion unmittelbar in der Lebenswelt der Menschen verortet. Die christliche Religion ist über die Kirchen in zahlreichen Sozial- und Bildungseinrichtungen für Menschen jeden Alters, durch Verbände und Organisationen, durch Presse, Funk und Fernsehen präsent. Viele Gemeinden geben selbst Medien heraus bzw. gestalten sie mit. Die Kirchen gehören mit ihren zahlreichen Verbänden, Einrichtungen und Diensten offiziell zu den Mitgestaltern des Sozialstaats und des gesellschaftlichen und kulturellen Lebens in Deutschland. Mehr als die Hälfte aller Tageseinrichtungen für Kinder befinden sich in der Trägerschaft der beiden großen Kirchen.

Die christliche Religion ist hierzulande vor allem durch engagierte Menschen, durch einzelne Christen, durch Gruppen und Gemeinschaften lebendig und in den Lebensräumen der Menschen wirksam.

Entstehung und Geschichte der christlichen Religion

Die christliche Religion beginnt mit Jesus von Nazareth, der auch Christus (der Gesalbte und Gesandte Gottes) genannt wird und von dem die Christen ihren Namen ableiten. Mit der Geburt Jesu in Bethlehem, einem kleinen Ort im heutigen Israel, beginnt die christliche Zeitrechnung. Somit ist diese Religion mehr als 2000 Jahre alt.

Jesus wuchs in Nazareth auf, einem etwas größeren Ort nördlich von Jerusalem, das damals als die Hauptstadt des jüdischen Volkes galt.

Jesus war ein Angehöriger dieses Volkes und hat sich immer als solcher bezeichnet. Dabei fühlte er sich von Gott gesandt, um seine Botschaft zu verkünden. Mit etwa 30 Jahren begann Jesus als Wanderprediger zu wirken. Er sammelte eine Gruppe von Frauen und Männern um sich, die seine Jüngerinnen und Jünger wurden; aus dieser Gruppe entstand die spätere Kirche.

Das öffentliche Wirken Jesu war nur kurz; es blieben ihm knapp drei Jahre, um den Menschen die Botschaft vom „neuen Reich Gottes", das heißt: von einem Leben mit der Zusage Gottes, dass letztlich Liebe, Gerechtigkeit und das Leben über Unrecht und Tod siegen werden, zu verkünden. Dann wurde er von den Römern, die damals das Land Israel und den ganzen vorderen Orient besetzt hielten, in Jerusalem gefangen genommen und wegen angeblicher Verschwörung und Volksaufwiegelei verurteilt und am Kreuz hingerichtet. Die religiösen Führer der Juden unterstützten die Römer dabei, weil die in Jesus einen Gotteslästerer und einen Irrlehrer sahen.

Seine Anhängerschar hatte ihn verlassen und sich in den Untergrund begeben. Drei Tage nach der Hinrichtung Jesu trat sie aber wieder an die Öffentlichkeit und verkündete, dass Jesus auferstanden sei. Der Glaube an die Auferstehung Jesu und die damit verbundene Erwartung, dass auch sie nach dem irdischen Tod weiterleben werden, stellte das Fundament des Glaubens der Christen dar, die fortan aus diesem Glauben die Kraft für ein Leben in der Nachfolge Jesu, das heißt: in der Befolgung seiner Worte und Weisungen lebten.

Nach dem Auferstehungserlebnis schlossen sich die Christen zu kleinen Gemeinschaften zusammen. Die einstigen Jünger Jesu betrieben eine rege Missionstätigkeit, um die Menschen von der Botschaft Jesu zu überzeugen. Bald entstanden überall in Israel, im Vorderen Orient, in Griechenland, Italien und Nordafrika christliche Hauskirchen und später Gemeinden. Die, die sich zu Jesus bekannten, nannten sich nun Christen. Trotz zahlreicher Christenverfolgungen durch die Römer wuchs die Zahl der Gemeinden. Für deren Leitung wurden eigene Leitungsstrukturen eingerichtet (Bischöfe und Päpste). Es entwickelten sich unterschiedliche Lebens- und Wirkfelder für die Christen sowie Ordensgemeinschaften und sozial engagierte Gruppierungen. So entstand die Kirche.

Dies wurde durch den Umstand begünstigt, dass im 4. Jahrhundert die christliche Religion zur Staatsreligion im römischen Reich erklärt wurde. Nun konnte sich die Kirche ungestört entfalten.

Durch eine rege Missionstätigkeit, vor allem durch Ordensfrauen und -männer, verbreitete sich der christliche Glaube in ganz Europa und schließlich auch in anderen Kontinenten aus.

Heute ist die christliche Religion überall auf der Welt präsent und mit nahezu 3 Milliarden Gläubigen zahlenmäßig die größte der Weltreligionen.

Die Christen gehören unterschiedlichen Konfessionen an, die im Laufe der Jahrhunderte aufgrund von Meinungsverschiedenheiten zwischen den Theologen und Kirchenführern über zentrale Inhalte des Glaubens entstanden sind. In Deutschland gehört die überwiegende Zahl der Christen entweder der katholischen oder evangelischen Kirche an.

Die heiligen Schriften der christlichen Religion

Die maßgebliche Schrift für die Christen ist *die Bibel.* Sie enthält zahlreiche kleinere und größere Bücher, in denen die Botschaft Gottes auf sehr verschiedene Weise niedergelegt ist. Diese in den biblischen Schriften bezeugte Botschaft lässt sich auf die Grundfigur „Zuspruch und Anspruch Gottes“ zusammenfassen: Gott wendet sich an die Menschen mit Worten, die sie aufbauen, stärken, lenken und leiten sollen (Zuspruch). Daraus lässt sich der Anspruch ableiten, dass die Christen entsprechend dieser Worte leben und handeln sollen.

Die christliche Bibel besteht aus zwei großen Textsammlungen:

a) *Das Alte Testament* – dieses enthält die fünf Bücher Mose, Weisheitsbücher, Prophetenschriften, Geschichts- und Rechtsbücher, Psalmen und die Geschichte einzelner Personen. In allen diesen Schriften wird bezeugt, dass Gott der Schöpfer der Welt ist, dass er das Volk Israel auserwählt hat, um sich in seiner Geschichte als der einzig wahre Gott zu zeigen. Diese Schriften enthalten Botschaften des Zuspruchs Gottes an sein Volk und an die Menschen überhaupt, sie enthalten Gebote und Gesetze, nach denen die Gläubigen leben und damit ihre Verbundenheit mit Gott bezeugen sollen und sie enthalten Verheißungen für die Zukunft Israels und der Menschen.

b) *Das Neue Testament* – dieses enthält in biographischen Schriften (Evangelien) und in zahlreichen Briefen Aufzeichnungen aus dem Leben Jesu und vor allem seiner Botschaft an seine Jünger. Die Texte des Neuen Testamentes formulieren als zentrale Aussage, dass Jesus getötet wurde, aber von den Toten auferstanden ist und damit die Hoffnung begründet hat, dass auch die, die an ihn glauben, nach dem irdischen Tod weiterleben werden. Schließlich enthalten die Schriften des Neuen Testamentes zahlreiche Weisungen, wie die Menschen miteinander umgehen, Nächstenliebe praktizieren und Gerechtigkeit schaffen sollen.

Der Glaube der Christen

Christen glauben, dass Gott die Welt geschaffen hat und den Menschen als ein bevorzugtes Geschöpf, dem er diese Welt zu schützen und zu gestalten übergeben hat.

Sie glauben, dass Gott sich in der Geschichte Israels als ein den Menschen zugewandter Gott gezeigt hat, als der einzig wahre, von dem der Mensch sein Heil erwarten kann.

Sie glauben, dass Gott sich vor allem in Jesus von Nazareth auf eine unüberbietbare Weise geoffenbart hat. Er ist in diesem Jesus selbst Mensch geworden und hat seine Nähe und Treue dadurch auf einmalige Weise demonstriert. Jesus ist der im Alten Testament den Juden verheißene Messias. Er hat durch seine Auferstehung den Menschen den Weg zu einem Leben über den Tod hinaus frei gemacht, weil Gott den Menschen nicht dem Leiden und Sterben überlassen hat. Von diesem Glauben an den lebenspendenden Gott und von ihrer Hoffnung auf Gottes wirksame Gegenwart bereits in diesem Leben hier und jetzt sollen die Christen in Wort und Tat Zeugnis ablegen, indem sie Hoffnung gegen Hoffnungslosigkeit setzen, Liebe statt Hass üben, Versöhnung statt Feindschaft leben, Heil schaffen, wo Unheil und Leid herrschen.

Christen glauben, dass die Art und Weise, wie sie jetzt in dieser Welt leben, mit ausschlaggebend dafür ist, auf welche Weise sie dieses verheißene neue Leben „in einer Welt nach dieser Welt", also nach dem Tod führen werden.

Christen hoffen, dass Gott während des Lebens in dieser Welt bei ihnen ist, sie schützt und stärkt und sie in das neue, verheißene Leben führen wird.

Christen sehen sich von Gott durch Jesus dazu beauftragt, diese Welt im Sinne der Liebe und Gerechtigkeit mitzugestalten.

Menschenbild und Ethik der christlichen Religion

Der Mensch ist ein bevorzugtes Geschöpf Gottes, das eine elementare Würde besitzt, die ihm von Gott verliehen wurde. Entsprechend dieser Würde soll er aber auch leben – mit Achtung, Anteilnahme und solidarischer Gesinnung sich selbst und den Mitmenschen gegenüber.

Der Mensch ist aber auch ein Wesen, das scheitert, an seine Grenzen stößt, Böses tun, Schlimmes anrichten, töten und zerstören kann.

Das christliche Menschenbild ist ambivalent. Der Mensch ist ein freies und selbstbestimmtes Wesen, er ist mit vielen Vorzügen bedacht, er kann dies alles aber auch missbrauchen. Er braucht deshalb Orientierung und Unterstützung, damit sein Leben als ein würdevolles Wesen gelingt.

Der Mensch hat Verantwortung für sich selbst und für die Welt, in der er lebt.

Dem Menschen ist es aufgetragen, in dieser Welt für Gerechtigkeit, Frieden und eine menschenfreundliche Lebenswelt zu sorgen. Er soll sich derer annehmen, die in Not sind und Hilfe brauchen. Er muss sich für humane Lebensverhältnisse einsetzen und für den Erhalt einer gesunden natürlichen und sozialen Umwelt Sorge tragen.

Die normativen Bezugspunkte für sein Handeln erhält der Mensch aus der Botschaft Gottes, wie sie im Alten Testament formuliert und im Neuen Testament durch Jesus von Nazareth verkündet und vorgelebt wurde.

Nächstenliebe und Gerechtigkeit – mit diesen Begriffen lässt sich die christliche Ethik auf eine Kurzformel bringen.

Auffassungen von religiöser Erziehung

Die religiöse Erziehung der Kinder und Jugendlichen gehört elementar zum Selbstverständnis der Christen und der Kirchen. Sie erfolgt in der Familie, in kirchlichen Kindertageseinrichtungen, in der Schule (auf offizieller rechtlicher Grundlage), in der Kirchengemeinde und in der Kinder- und Jugendarbeit.

Religiöse Erziehung bezieht sich auf die Hinführung zum Glauben und religiösen Leben, zum Vertrautmachen mit den Inhalten, den Bildern, Symbolen, Riten und Bräuchen des Glaubens. Sie bezieht sich aber auch auf das Erarbeiten und Einüben von Verhaltens- und Handlungsweisen entsprechend der christlichen Ethik. Und sie erfolgt im Zusammenleben der Christen, durch die Teilhabe der Kinder an christlichen Lebensformen und an den christlichen Festen.

Konsequenzen für die interreligiöse Erziehung in Kindertageseinrichtungen

Sowohl die Inhalte der christlichen Religion als auch eine Reihe von ethischen Grundsätzen und Handlungsweisen sowie viele christliche Symbole, Riten und Feste lassen es zu, dass auch Kinder daran teilhaben, die einer anderen Religion angehören. Denn eine Vielzahl religiöser Vorstellungen und Lebensformen in unterschiedlichen Religionen sind den christlichen recht ähnlich. Für die interreligiöse Erziehung aus christlicher Sicht sind folgende Themen- und Handlungsfelder zu empfehlen:

- Den Glauben daran, dass Gott die Welt geschaffen hat, dass der Mensch beauftragt ist, für sie liebevoll zu sorgen, sie zu bewahren und zu schützen, haben die drei monotheistischen Religionen Judentum, Christentum und Islam gemeinsam; auch der Buddhismus hält seine Angehörigen, wie noch gezeigt wird, zu einer großen Achtsamkeit und Sorge gegenüber der Natur und allen Lebewesen an. So kann das christliche Erntedankfest und das Behandeln von Themen, bei denen es um die Schöpfung geht, die Stellung des Menschen in ihr und seinen Auftrag, sorgfältig mit ihr umzugehen und sie zu schützen, einen Bereich interreligiöser Erziehung darstellen.

- Jesus von Nazareth ist eine Gestalt mit vielen menschenfreundlichen Zügen. Wie er mit den kleinen Leuten – auch mit Kindern – wertschätzend und aufbauend umgegangen ist, wie er sich um kranke und ausgegrenzte Menschen gekümmert hat, wie er an den Reichen und Mächtigen im Land, die von ihrem Besitz nichts abgeben wollten, sondern nach immer mehr Reichtum und Macht strebten, Kritik übte – in all dem gibt es eine Reihe von Ansatzpunkten, sich mit Jesus bei der interreligiösen Erziehung so zu beschäftigen, dass auch Kinder aus nichtchristlichen Religionen daran Interesse haben und der Person Jesu etwas abgewinnen können.
- Ähnlich verhält es sich mit anderen großen christlichen Frauen und Männern, die aus ihrem Glauben heraus lebten und vorbildlich handelten. Die meisten von ihnen werden von den Christen als Heilige verehrt. In ihrem Verhalten und in manchen ihrer Taten können sie aber auch von Nichtchristen als beachtenswerte und vorbildliche Persönlichkeiten anerkannt werden. Deshalb lassen sich an vielen christlichen Heiligenfiguren Themen der interreligiösen Erziehung festmachen.
- Die christliche Religion verfügt wie alle anderen großen Religionen über eine Vielzahl von Symbolen, Bildern und Riten, durch die Christen elementare Empfindungen und Vorstellungen zum Ausdruck bringen wie Hoffnung, Freude, Trost, Versöhnung, aber auch Gefühle der Angst, der Schuld, des Versagens, des Bedürfnisses nach Erlösung und Heil. Solche Symbole und Bilder – Bäume, das Meer, die Wüste, eine Quelle, Kerzen, Sonne und Finsternis, die Krippe, der Stern von Bethlehem, Symbolgestalten wie die Hirten und die Wei-

sen aus dem Morgenland an der Krippe, die Kinder um Jesus – sind so deutungsoffen, dass auch Kinder, die einer nichtchristlichen Religion angehören, einen Bezug zu ihnen herstellen und sie mit ihren eigenen Empfindungen und den Symbolen und Bildern ihres Glaubens in Verbindung bringen können.

- Schließlich dürften zahlreiche Aspekte der christlichen Ethik für eine interreligiöse Erziehung Themen und Handlungsfelder bieten – ob es sich um die Frage nach Vergebung und Versöhnung, nach der Hilfsbereitschaft bedürftigen Menschen und Tieren gegenüber handelt oder um Situationen, in denen die Kinder erfahren, was gerecht und gemein ist, was Leiden verursacht und Leiden aufhebt, was Vorurteile und Missgunst und was Freundschaft und ein gemeinsames Zusammenstehen bewirken können: von solchen Themen sind gewöhnlich alle Kinder im Alltag betroffen. Bei der interreligiösen Erziehung lässt sich zeigen, dass die Religionen, wenn auch mit unterschiedlichen Akzenten, alle Anhaltspunkte und Weisungen enthalten, wie man sich in solchen Situationen verhalten soll.
- Da in unserem Land die christliche Religion am weitesten verbreitet ist und das Leben der Menschen über Jahrhunderte geprägt hat, dürfte interreligiöse Erziehung meist – vor allem in kirchlichen Kindertageseinrichtungen – aus der Perspektive der christlichen Tradition erfolgen. Dies ist durchaus berechtigt, da die Eltern, die nichtchristlichen Religionen angehören, kaum erwarten, dass in deutschen Kindertageseinrichtungen bei der religiösen Erziehung alle durch die Kinder vertretenen Religionen gleichermaßen behandelt werden. Auch dürfte es kaum von den Eltern akzeptiert werden, wenn die Erzieher/-innen die Unterschiede zwischen den Religionen nivellieren und sich auf sehr allgemeine religiöse Inhalte und Handlungsformen beschränken würden. Die christliche Ausgangsperspektive für interreligiöse Erziehung

in Kindertageseinrichtungen ist aufgrund der religiösen Tradition und der Dominanz der christlichen Religion in Deutschland wohl zu rechtfertigen. Dabei sollten aber Einstellungen wie Toleranz, Begegnungs- und Dialogoffenheit, Interesse am Glauben anderer Menschen und das Bestreben, gemeinsame Themen und Lebensformen in den Kindertageseinrichtungen zu behandeln und zu entwickeln, leitend sein.

4.3 Der Islam – die jüngste der Weltreligionen

Zur Präsenz des Islam in Deutschland

Jüngste Daten zur Präsenz des Islam in Deutschland und zur Lebenslage muslimischer Kinder und Familien liegen in der am 8. November 2000 erfolgten Antwort der Bundesregierung auf die „Große Anfrage der Fraktion der CDU/CSU zum Islam in Deutschland“ vor (Deutscher Bundestag, 14. Wahlperiode, Drucksache 14/4530, 6.11.2000).[18]

Danach leben mehr als 3 Millionen Muslime in Deutschland, davon zwischen 370.000 und 450.000 mit deutscher Staatsangehörigkeit (nach der Volkszählung vom 25. Mai 1987 gab es zu diesem Zeitpunkt 48.000 Deutsche muslimischen Glaubens; diese Zahl ist allerdings bis heute kontinuierlich angewachsen). Der Islam ist demnach die zweitstärkste religiöse Kraft in Deutschland.

Viele Muslime hierzulande sind – zumindest formal – Mitglied einer muslimischen Gemeinde bzw. einer Organisation. Diese gehören in der Regel einer der großen Dachorganisationen an, dem „Zentralrat der Muslime in Deutschland (ZMD)“

---

[18] Erhältlich über die Pressestelle des Deutschen Bundestages: Deutscher Bundestag, Platz der Republik 1, 11011 Berlin, Tel.: 030/227-0, Fax: 030/227-36878 oder 227-36979, E-Mail: mail@bundestag.de, Internet: www.bundestag.de

(Sitz in Köln) oder dem „Islamrat für die Bundesrepublik Deutschland (IR)“ (Sitz in Bonn). Im Gegensatz zur früheren gegenseitigen Abgrenzung der Dachverbände untereinander ist in jüngerer Zeit eine Tendenz zum gemeinsamen Handeln erkennbar.

Der Ausbau von Moscheen, sozialen Einrichtungen – auch Kindergärten – und Versammlungsräumen in den Gemeinden ist in den letzten Jahren stetig vorangetrieben worden. Über die Zahl der Sozialeinrichtungen in der Trägerschaft muslimischer Gemeinden bzw. Vereine liegen allerdings keine genauen Zahlen vor. Nach Auskunft der Bundesregierung gibt es in Berlin, München, Frankfurt, Karlsruhe anerkannte Kindertageseinrichtungen. Rund 700.000 muslimische Schülerinnen und Schüler besuchen deutsche Schulen.

Entstehung und Geschichte der islamischen Religion

Der Islam ist die jüngste der großen Weltreligionen. Seine Entstehung geht auf Mohammed zurück, er ist der Begründer des Islam.

Mohammed wurde im Jahre 570 n. Chr. in Mekka geboren. Mit 25 Jahren lernte er die wohlhabende und wesentlich ältere Kaufmannswitwe Chadidja kennen. Er wurde ihr Geschäftspartner, später heiratete sie ihn. Aus dieser Ehe gingen sechs Kinder hervor, von denen nur die jüngste Tochter Fatima (geb. 605 n. Chr.) am Leben blieb und selber Nachkommen hatte. Auf Fatima gehen alle Nachkommen Mohammeds zurück. Chadidja war eine der treibenden Kräfte im näheren Umfeld Mohammeds, als dieser begann, seine von Gott empfangenen Offenbarungen öffentlich zu bezeugen und eine Schar von Anhängern um sich zu sammeln.

Der Wendepunkt in Mohammeds Leben trat 610 ein. Regelmäßig zog sich Mohammed zu einsamen Betrachtungen und

Gebeten in die Gebirgsgegend Hira zurück. Er war mit dem religiösen Leben in Mekka, vor allem mit dem oberflächlichen Treiben und unsozialen Verhalten der Mekkaner sehr unzufrieden. In einer Felsenhöhle des Berges Hira erhielt er durch den Erzengel Gabriel die Offenbarungen Allahs. Die erste Offenbarung („Stehe auf und warne!") bestand in der Aufforderung, den Menschen zu predigen, dass sie umkehren und sich zu Gott bekehren sollten, denn ihr Abfall von Gott bewirke das Jüngste Gericht. Nach dieser ersten Begegnung mit dem Gottesboten erhielt Mohammed regelmäßig Offenbarungen von Gott.

Mohammed begann bald nach den ersten Offenbarungen in seiner Heimatstadt Mekka die Bürger zu ermahnen, sie vor dem bevorstehenden Gericht zu warnen und zur Umkehr zu bewegen.[19]

Hauptinhalte seiner Predigt waren der Glaube an den barmherzigen Schöpfergott und der Aufruf zu einem besseren Lebenswandel. Damit stieß er anfangs auf wenig Gehör. Lediglich seine Frau Chadidja und sein Vetter Ali hielten in der ersten Zeit zu ihm. Dann folgten jüngere Leute aus vornehmen Familien, aber auch Angehörige der unteren sozialen Schichten (meist freigelassene Sklaven).

Der massive Widerstand gegen Mohammed und seine neue Lehre in Mekka kam vor allem daher, dass er den vorherrschenden Glauben des Polytheismus (= Glaube an eine Vielzahl von Göttern mit unterschiedlichen Fähigkeiten und Zuständigkeiten für die Welt und das Leben der Menschen) und damit auch das sehr lebhafte und für die Handelsstadt Mekka äußerst einträchtige Wallfahrtswesen bedrohte.

Die Attacken gegen Mohammed und seine Anhänger nahmen immer aggressivere Züge an. Man bestritt die Echtheit von Mohammeds göttlicher Sendung und bezichtigte ihn der

---

[19] Vgl. Monika u. Udo Tworuschka, Der Koran und seine umstrittenen Aussagen. Düsseldorf: Patmos Verlag 2002, S. 13.

Besessenheit durch Djinnen (Geister und Dämonen). Als die Lage unerträglich wurde, siedelte der Prophet mit seinen Anhängern im Jahr 622 n. Chr. nach Yathrib über, das später Medina genannt wurde. Dazu war er auch von einigen Stämmen in Medina aufgefordert worden, die einen Friedensrichter suchten, um die kriegerischen Auseinandersetzungen in der Stadt beizulegen.

Dieses Jahr der „Auswanderung" wurde zum Beginn der islamischen Zeitrechnung. In Medina betätigte sich Mohammed als Friedensrichter und vereinte die beiden sich befehdenden Stämme. Daraufhin bekannte sich die Bevölkerung von Medina schnell zu seiner neuen Lehre. Nur die zahlreichen in der Stadt lebenden Juden weigerten sich, Mohammeds religiöse Auffassungen zu übernehmen, weil sie von der von Mohammed behaupteten Übereinstimmung der beiden Religionen nicht überzeugt waren.

In Medina, wo Mohammed weniger als inspirierter Gerichtsprediger und Bote des neuen Glaubens, sondern als Politiker agierte, gelang es ihm, die eigenen Anhänger in die Gesamtbevölkerung Medinas zu integrieren. Daher erließ er im Jahr 623 die „Gemeindeordnung von Medina", in der feierlich proklamiert wurde, dass nun die Gläubigen untereinander Brüder und die Stammesbindungen aufgehoben seien. Diese neue „Gemeinschaft" (Umma) gilt auch heutigen Muslimen als Idealbild eines islamischen Staates, in dem Solidarität, Gerechtigkeit und Brüderlichkeit die höchsten Werte sind.[20]

Mohammed sah sich auch gezwungen, zum Schutz seiner Gemeinde Gewalt anzuwenden, da er deren Existenz durch die damals häufig stattfindenden Raubzüge und Stammesfehden bedroht sah.

Nach mehreren kriegerischen Auseinandersetzungen zwischen den Mekkanern und den Medinensern mit Mohammed

---

[20] Ebd., S. 14 f.

an der Spitze kehrte dieser im Jahr 630 mit einer großen Kriegerschar in seine Vaterstadt zurück. Mohammed zerstörte die Götzenbilder in der Kaaba[21], behandelte aber die besiegte Bevölkerung Mekkas großzügig – mit dem Effekt, dass sich auch eine Reihe der ehemaligen Gegner zum Islam bekannten.

Im Jahr 632 starb Mohammed in Mekka.

„Für seine Nachfolge hatte der Prophet vor seinem überraschenden Tod keine eindeutigen Anweisungen gegeben, und so brachen bald schon Streitigkeiten darüber aus, wer Mohammed folgen sollte. Diese Auseinandersetzungen können als Ursprung der späteren konfessionellen Spaltung innerhalb des Islams betrachtet werden … Heute von ‚dem Islam' zu sprechen, ohne die zahlreichen und zum Teil sehr unterschiedlichen Richtungen zu berücksichtigen, entspräche einer falschen Vereinheitlichung. Die Zugehörigkeit zur islamischen Gemeinde, der Umma, verleiht den Muslimen zwar ein Gefühl der Gemeinsamkeit und gegenseitigen Identifikation. Dessen ungeachtet existieren im Islam jedoch nahezu achtzig verschiedene Gruppierungen, deren Vertreter sich alle als Muslime, keineswegs aber als Anhänger einer einzigen religiösen Glaubensrichtung bezeichnen würden. Außerdem wurde der Islam durch Länder und einzelne Abschnitte in der Geschichte geprägt, die sich erheblich voneinander unterscheiden.

Die beiden wichtigsten und bei weitem größten Gruppierungen sind die Sunniten, zu denen sich fast 90 Prozent aller Muslime zählen, sowie die Schiiten, die zusammen fast 10 Prozent aller Gläubigen ausmachen."[22]

---

[21] Die Kaaba ist ein großes, quaderförmiges Gebäude in der Moschee von Mekka. Das Gebäude wird von einem schwarzen, mit Koranversen bestickten Seidentuch umhüllt. In der Volksfrömmigkeit wird besonders ein in die Wand der Kaaba eingemauerter schwarzer Stein verehrt.

[22] Stefan Braun, Stichwort Islam. München: Heyne Verlag 2. Aufl. 1992 (Heyne-TB Sachbuch 19/4007), S. 13; 63 f.

Die Schiiten vertreten die Ansicht, als Nachfolger Mohammeds könne nur ein Verwandter des Propheten gelten. Sie behaupten von sich, in direkter Sukzession (Ahnenfolge) Alis, des einzigen Blutsverwandten Mohammeds zu stehen. Ali war Mohammeds Vetter und zugleich der Ehemann seiner Tochter Fatima. Mit dieser Ansicht blieben die Schiiten allerdings eine Minderheit. Sie sind „heute (1998) die zweitgrößte Gruppe im Islam. Sie haben einen Anteil von ca. 10 Prozent, d. h. ca. 100 Millionen Anhänger. Im Iran sind sie seit dem 16. Jahrhundert Staatsreligion, größere Gruppen leben im Irak, in Indien und in Pakistan (15 %). In vielen anderen islamischen Ländern bilden sie nur eine kleine, wenig einflussreiche Minderheit“.[23]

Gegenüber den Schiiten setzte sich die Richtung durch, die sich auf den Schwiegervater Mohammeds, Abu Bakr, berief. Dieser gehört zu den vier „rechtgeleiteten Kalifen“ (Kalif = Nachfolger), die für die meisten Muslime, die so genannten Sunniten, als die rechtmäßigen Nachfolger Mohammeds gelten. Ihren Namen leiten sie von der „Sunna“ ab, einer Sammlung von Worten Mohammeds, die aus einer Kommentierung des Korans und aus Weisungen für das rechte Leben der Gläubigen bestehen. Die Sunna und der Koran, also die heiligen Schriften des Islam, bilden für die Sunniten die Grundlage ihres Glaubens. Sie halten sich für die wirklich orthodoxen Muslime, da sie sich streng am Koran orientieren. Sie „sind aber im Allgemeinen tolerant. Ihren Mitgliedern lassen sie Freiheit, wenn nur das Programm des Glaubens beachtet wird … Mit ca. 90 Prozent Anteil bilden sie die mit Abstand größte Richtung im Islam“.[24]

Für die Schiiten sind neben dem Koran ihre geistlichen Führer die maßgebenden religiösen Autoritäten. Die Schiiten lagen bis in die jüngste Zeit häufig in Fehde mit den Sunniten (ein

---

[23] Werner Trutwin, Die Weltreligionen – Buddhismus. Arbeitsbücher für die Sekundarstufe II Religion – Philosophie – Ethik. Düsseldorf: Patmos Verlag 1998, S. 87.

[24] Ebd., S. 86.

Beispiel aus jüngster Zeit ist der Krieg zwischen dem Iran und dem Irak, der vor allem von Sunniten bevölkert wird und dessen Herrscherschicht aus Sunniten besteht, die nicht nur den Schiitenstaat Iran zu bekämpfen trachten, sondern die Schiiten im eigenen Land immer wieder mit Repressalien begegnet sind). Viele ihrer Führer sind den Märtyrertod gestorben, deshalb hat die Verehrung dieser Leitfiguren häufig einen kämpferischen Akzent, indem das Sterben für den wahren Glauben als der direkte Weg zu Allah dargestellt wird.

Der Islam – das Wort steht als Programm für seine Anhänger und bedeutet „Hingabe und Unterwerfung unter den Willen Gottes" – breitete sich bald nach Mohammeds Tod in der ganzen arabischen Welt, in Nordafrika und dem Vorderen Orient aus. In Europa fasste der Islam vor allem auf dem Balkan Fuß. In Asien sind es vor allem die Länder Pakistan und Indonesien, in denen der Islam zur dominanten Religion wurde. Heute leben Muslime in allen Erdteilen und haben sich in vielen, vor allem westlichen Staaten etabliert.

Die heiligen Schriften der Muslime

Der Koran – Der Koran ist das heilige Buch des Islam. Der Koran – die Bezeichnung meint „das Nachgesprochene, die Lesung, der Vortrag" – enthält die wörtlich festgehaltene Offenbarung Allahs an Mohammed. Deshalb darf auch kein Wort und kein Buchstabe verändert werden. Gläubige Muslime, wo immer sie auch leben, lesen den Koran in der arabischen Ursprache. Ihre Kinder lernen den Text in Koranschulen – ebenfalls in Arabisch – auswendig. Eine Übersetzung erkennen Muslime nicht als autorisierten Text an.

Im Fastenmonat Ramadan wird der Koran von frommen Muslimen ganz gelesen; im Rundfunk und Fernsehen hört man in dieser Zeit fast den ganzen Tag über Koranrezitationen von hervorragenden Sprechern.

Viele Muslime können den Koran auswendig, obwohl er fast so umfangreich ist wie das Neue Testament der christlichen Bibel.

Der Koran ist in 114 Kapitel eingeteilt, die Suren genannt werden. Sie sind nach abnehmender Länge geordnet.

Der Koran ist die Grundlage des Islam. Nicht Mohammed ist der Dreh- und Angelpunkt des muslimischen Glaubens, wie dies bei Jesus im Christentum der Fall ist, sondern der Koran. Mohammed ist nur der Übermittler der im Koran niedergeschriebenen Offenbarung Gottes.[25] Im Glauben der Muslime enthält der Koran die wörtliche Aufzeichnung der Offenbarung Gottes.[26] Deshalb darf der Koran auch nicht wie ein menschlich-literarisches Werk interpretiert werden. Die Koranexegese besteht in der inhaltlichen Auslegung einzelner Suren.[27]

Die Sunna – Neben dem Koran ist die Sunna für den Glauben und die Lebensgestaltung der Muslime wichtig. Sie enthält Aussprüche (Hadithen) des Propheten zu verschiedenen Fragen und Problemen in der Auslegung und berichtet über sein Verhalten in unterschiedlichen Lebenssituationen. Sunna heißt „Lebens-

---

[25] Die Bezeichnung „Mohammedaner" wird von den Muslimen abgelehnt, da eine solche Formulierung nahe legen könnte, Mohammeds Stellung im Islam sei mit der Jesu im Christentum vergleichbar. Der Titel „Muslim" ist die arabische, der Titel „Moslem" die türkisch/persische Bezeichnung für die Angehörigen des Islam.

[26] Originäre Mitteilung Gottes wird als „Verbalinspiration" bezeichnet. Die Bibel enthält dagegen „Gottes Wort in Menschenwort", d. h. die Wahl der literarischen Form der Texte, ihre Sprache und Bilder und die Komposition der Sätze waren Sache der Autoren und gehen nicht auf die Vorgaben Gottes zurück. Da die Person des Autors bei der Gestaltung der Texte nicht außer Acht bleibt, spricht man bei den biblischen Texten von „Personalinspiration".

[27] Vgl. Monika u. Udo Tworuschka, Der Koran, S. 25–29.

weise“ und meint die Lebensweise des Propheten als Vorbild für das Verhalten und Handeln der Muslime.

Der Glaube der Muslime

Wer die Kurzform des islamischen Glaubenszeugnisses, die Shahada, aufrichtig und vor Zeugen spricht, ist ein Muslim (bzw. eine Muslima). Sie lautet: „Ich bezeuge, dass es keinen Gott gibt außer Gott (Allah), und ich bezeuge, dass Mohammed der Gesandte Gottes ist.“ Das Bekenntnis zum alleinigen Schöpfergott und zu seinem letzten und maßgebenden Propheten sind die beiden zentralen Elemente, die den islamischen Glauben ausmachen. Diese beiden Elemente sind ausreichend, trotz aller Unterschiede zwischen den zahlreichen islamischen Richtungen und Gruppierungen, um die Einheit aller Gläubigen zu stiften, die sich als Teil der weltweiten islamischen Gemeinschaft, der Umma, verstehen. Der gläubige Muslim ergibt sich – wie es das Wort Islam besagt – ganz in den Willen Gottes. Was Gott will, hat er Mohammed geoffenbart. Diese Offenbarungen sind im Koran niedergeschrieben.

Muslime glauben an den einen und einzigen Gott Allah. Er ist der Schöpfer der Welt und der Lenker der Geschichte der Menschen. Er ist der Erhabene, der Unverfügbare, der in völliger Souveränität existiert und den kein Nachsinnen des Menschen ergründen kann. Er ist aber auch der Allbarmherzige, auf dessen Güte der Gläubige hoffen kann, wenn er nach seinem Tod vor Allah steht und dieser über sein Leben Gericht hält. Muslime glauben an ein Leben nach dem Tod und dass die Art und Weise, wie sie vor dem Tod hier auf Erden gelebt haben, mit ausschlaggebend für ihr weiteres Schicksal im Jenseits sein wird. Darüber entscheidet aber Allah allein.

Menschenbild und Ethik der islamischen Religion

Der Mensch gilt im Glauben der Muslime als Geschöpf Gottes. Er erhielt von Allah eine gewisse Bevorzugung vor den anderen Geschöpfen, denn er gilt als der Adressat der Offenbarungen Gottes, was sich an den – von Juden und Christen ebenfalls als maßgebende „Partner Gottes" anerkannten – Gestalten Abraham, Moses, den Propheten des Alten Testaments und Jesus deutlich wurde. Dennoch ist der Mensch zu völliger Ergebenheit in den Willen Gottes verpflichtet.

Das Leben gläubiger Muslime richtet sich vor allem nach den so genannten Fünf Säulen, den zentralen fünf Pflichten, denen jeder Muslim unterworfen ist. Sie zu verrichten ist für den frommen Muslim wie ein Gottesdienst. Deshalb geht jeder Erfüllung einer dieser Pflichten die Erklärung voraus, die Pflicht mit der rechten Gesinnung zu erfüllen und nicht als ein bloß formaler Akt.

Die Shahada – das Glaubensbekenntnis – Das Bezeugen des Glaubens durch den Satz „Ich bezeuge: Es gibt keinen Gott außer Allah, und Mohammed ist der Gesandte Gottes", ist die erste und wichtigste Pflicht des Muslims. Damit gelobt er seine Zugehörigkeit zur islamischen Gemeinschaft.

Die Salaat – das rituelle Pflichtgebet – Dieses Gebet muss von Muslimen fünfmal am Tag verrichtet werden nach einem festgelegten rituellen Ablauf und bestimmten Körperhaltungen (stehen, sich hinknien, sich verneigen und dabei mit der Stirn den Boden berühren).

Fasten im Monat Ramadan – Jeder erwachsene, gesunde Muslim muss während des Ramadans von Sonnenaufgang bis Sonnenuntergang auf jegliche Nahrungsaufnahme und den Genuss von Nikotin verzichten und geschlechtliche Enthaltsamkeit üben. Alte, Kranke, Reisende, schwangere und stillende Frauen sind von dieser Pflicht ausgenommen. Sie müssen aber das Fasten zu einer anderen Zeit nachholen oder als Ersatzleistung einen Armen speisen. Kinder fasten in der Regel ab dem 9. Lebensjahr mit, oft allerdings in einer gemilderten Form. Im Ramadan sind Muslime besonders intensiv mit ihrem Glauben beschäftigt. Es werden mehr Gottesdienste gehalten, der Koran wird ganz gelesen. Am Ende des Ramadan wird ein üppiges Fest, das Fastenbrechen, gefeiert.

Die Zakat – die Almosensteuer – Muslime sind angehalten, Abgaben für die Versorgung der Armen zu entrichten. In der Regel übernimmt der Staat die Einnahmen und Ausgaben, die für das Gemeinwohl eingesetzt werden. Die Almosensteuer ist in vielen Ländern ein wichtiger Bestandteil des Sozialsystems.

Die Haddsch – die Pilgerfahrt nach Mekka – Einmal in seinem Leben soll der Muslim eine Pilgerfahrt nach Mekka zur Kaaba unternehmen. Dieses Heiligtum wird von den Muslimen deshalb so sehr verehrt, weil Mohammed lehrte, dass dieser Bau auf Abraham zurückgehe und er seine Lehre als die Erneuerung der Religion des Abraham verstand. Mohammed selbst unternahm vor seinem Tod eine Abschiedswallfahrt nach Mekka. Muslime pilgern nach Mekka, weil hier der Islam entstand und um die Abschiedswallfahrt Mohammeds nachzuahmen.

Wer krank ist oder nicht über genügend finanzielle Mittel verfügt, ist von der Pflichtpilgerfahrt entbunden. Viele Muslime sparen jahrelang, um die Pilgerfahrt unternehmen zu können.

Gebet – Muslime kennen zwei grundsätzlich unterschiedliche Arten des Betens: das rituelle Pflichtgebet und das freie Gebet. Das freie Gebet mag jeder verrichten, wann er will und wo er sich befindet, mit eigenen Worten und Gebärden. Das rituelle Pflichtgebet ist hingegen in Form und Ablauf streng geregelt. Es wird in der Regel fünfmal am Tag vollzogen, wenn möglich gemeinsam mit anderen Muslimen. Wenn es sich einrichten lässt, sollen die Muslime in der Moschee beten. Aber auch jeder andere – saubere – Ort ist geeignet. Beim Gebet wendet sich der Betende stets in Richtung Mekka.

Moschee – Die Moschee – das Wort kommt aus dem Arabischen (Masgid) und bedeutet „Ort der Niederwerfung (vor Gott)". Sie ist das offizielle Gebetshaus der Muslime. Hierher kommt der fromme Muslim, um zu beten und den Koran zu hören bzw. aus diesem zu lesen. Hier versammeln sich die Muslime vor allem zum gemeinsamen Freitagsgebet, bei dem der Imam (= der offizielle Vorbeter der Gemeinde) eine Predigt hält.

Gewöhnlich steht neben einer Moschee das Minarett (das arabische Wort meint „Leuchtturm" oder „Feuersäule"), ein schlanker Turm mit einer vielen christlichen Kirchen ähnlichen Turmspitze. Es zeigt gegen den Himmel und ist die zu Stein gewordene Erinnerung an Gott.

Das wichtigste Kennzeichen, das in keiner Moschee fehlt, ist das Mihrab, eine Nische in Art einer Apsis, die die Gebetsrichtung nach Mekka angibt.[28] Direkt davor nimmt der Imam seinen Platz ein.

In der Nähe des Mihrabs steht in der Regel ein Minbar, eine Art Kanzel, von dem beim Freitagsgebet eine Ansprache gehalten wird. Die Gebetsräume sind für Frauen und Männer in der Moschee getrennt.

Fünfmal am Tag – zur Morgendämmerung, gegen Mittag, am Spätnachmittag, unmittelbar vor und nach dem Sonnenuntergang – steigt der Muezzin (der „Ausrufer") über eine Wendeltreppe im Innern des Minaretts auf den Umgang am Fuß der Turmspitze. Von dort ruft er die Gläubigen zum Gebet. Sein Ruf

[28] Die Gebetsrichtung nach Mekka ist nicht die ursprüngliche. In der frühen Wirkzeit des Mohammed wandte man sich beim Beten nach Jerusalem. Nach Streitigkeiten mit den Juden in Medina wurde die Gebetsrichtung geändert.

beginnt stets mit den Worten „Allahu akbar: Gott ist größer", die er dreimal wiederholt. Gott ist größer als das Meer, die Berge, Wald und Feld, Häuser und Städte, er ist größer als alles, was genannt werden kann. Er kann nicht mit der Natur oder irgendetwas sonst identifiziert werden. Nach diesem insgesamt viermal vorgetragenen Ausruf folgen das kurze islamische Glaubensbekenntnis und die Aufforderung zum Gebet.

Vor jedem Gebet wäscht sich der Muslim nach einer exakt vorgeschriebenen Ordnung Hände, Gesicht und Füße. Deshalb gibt es bei allen großen Moscheen entsprechende Waschanlagen; in den Höfen vieler Moscheen stehen dekorative Brunnenhäuser.[29]

Steht den Betenden kein Wasser zur Verfügung, legt man die Hände auf die Erde und fährt mit den Handflächen über das Gesicht und reibt die Hände, d. h. man vollzieht die Waschung symbolisch.

Die Waschungen in den Moscheen erfolgen aus hygienischen Gründen – man betet in der Moschee eng nebeneinander und ohne Schuhe – als eine gläubige Handlung; denn Reinheit ist die Voraussetzung für die Gültigkeit des anschließenden Gebets.

Auch der Ort, wo Muslime beten, soll rein sein. Deshalb sind die Böden der Moscheen lückenlos mit Teppichen ausgelegt. Fromme Muslime reinigen den Boden, auf dem sie sich niederknien und mit dem Kopf den Boden berühren bzw. sie breiten dort einen kleinen Teppich aus. Man betet in der Moschee, aber auch an privaten Gebetsorten, ohne Schuhe.

Der eigentliche Raum der Moschee ist recht leer. Er wird als Versammlungsraum nicht nur zum Gebet, sondern auch zu sonstigen Treffen benutzt. Man kann umhergehen oder sich hin-

---

[29] Die Reinigungsvorrichtungen bei den Moscheen sind mit den Reinigungsbrunnen in den Vorhöfen christlicher Kirchen in den Mittelmeerländern verwandt. In den katholischen Kirchen des kälteren Nordens erinnert noch das Weihwasserbecken an den früheren Reinigungsbrunnen in den Vorhöfen der Kirchen.

legen und ausruhen, mit anderen diskutieren, den Koran lesen. In der Frühzeit des Islam wurden Moscheen auch als Gerichtshöfe und Universitäten genutzt – ähnlich wie im Christentum die Kirchen bis zum 12. Jahrhundert als Versammlungs- und Mehrzweckräume dienten.

Gemeinde – Muslime gehören in der Regel zu einer Gemeinde, das heißt, sie sind Mitglied einer kleineren oder größeren Gemeinschaft, eines Verbundes oder eines Volkes, in erster Linie durch die Gläubigkeit ihrer Mitglieder zusammengehalten. Gott ist der eigentliche Führer der Umma, die Menschen setzen um, was er – im Koran – gebietet. Die Umma ist aber nicht nur eine geistliche Gemeinschaft, sie bestimmt auch das soziale Leben und das Leben in einem Staat. Das Leben in einer Umma ist von dem Bestreben bestimmt, die gemeinsame religiöse Tradition, die gemeinsamen Werte und einen im Glauben begründeten politischen Auftrag zu realisieren.

Der Dschihad – Die Übersetzung „Heiliger Krieg" ist irreführend und trifft nicht das, was eigentlich mit Dschihad gemeint ist, nämlich erstens „Anstrengung", „Eifer" und „Engagement für die Sache des Glaubens" und zweitens Mühe und Fleiß bei der Erledigung seiner alltäglichen Aufgaben und Pflichten.

Dschihad als kriegerisches Unternehmen ist nur erlaubt, wenn ein Land bedroht und wenn der islamische Glaube bekämpft wird. Ein solches Vorgehen wird von Muslimen nicht als „heilig" bezeichnet, denn „heilig" ist nur Allah.

Attentate wie das vom 11. September 2001 auf das World Trade Center in New York sind auf keinen Fall durch den Koran gerechtfertigt. Dieser lehrt in erster Linie den Frieden. Er lässt allerdings die Frage offen, ob bei der gleichfalls als Verpflichtung verstandenen Bekehrung der Ungläubigen zur wahren Religion des Islam ein aggressives Vorgehen unter Anwendung von Gewalt zulässig ist.

Generell lässt sich feststellen: Wo Muslime sich bei ihrer Religionsausübung und in ihrer islamischen Lebensweise eingeschränkt fühlen – vor allem in Ländern, in denen sie eine absolute Minderheit darstellen –, interpretieren sie dies schnell als Aggression von außen, gegen die man sich – notfalls mit Gewalt – zur Wehr setzen darf.

Die Stellung der Frau – Die Stellung der Frau wurde durch die Lehre des Propheten im Vergleich zur vorislamischen Zeit aufgewertet (ähnlich wie es mehr als 600 Jahre zuvor in Palästina durch Jesus geschehen ist).

Mohammed führte das Erbrecht für Frauen ein. Die vom Mann ausgehende Scheidung wurde erschwert. Die Polygamie wurde begrenzt; ein Mann kann nur mehrere Frauen heiraten, wenn er ihnen gegenüber gerecht zu sein vermag, also imstande ist, sie zu versorgen und zu schützen. Eine Ehe kann nur eingegangen werden, wenn sie der Frau keine materiellen oder sozialen Nachteile bringt.

Allerdings darf ein Mann seine Frau auch körperlich züchtigen, jedoch nur, wenn Gespräche und andere Formen der Auseinandersetzung – etwa unter Zuhilfenahme weiterer Personen – keine Beendigung des Partnerzwistes bewirkt haben. In westlichen Ländern werden zunehmend mehr andere Instanzen zur Beilegung von Ehestreitigkeiten eingeschaltet (Eheberatungsstellen, Ehegerichte). Dennoch hat insgesamt in der islamischen Welt – trotz großer Unterschiede zwischen einzelnen Ländern – der Mann gegenüber der Frau einen höheren sozialen Status. Das spiegelt sich oft auch in den Familien wider, in denen der Mann vielfach noch das unangefochtene Oberhaupt ist und das Leben seiner Frau(en) und Töchter maßgeblich regelt, während die Söhne eine bevorzugte Stellung einnehmen. Sie sind vielfach aber auch für ihre Schwestern verantwortlich, vor allem dann, wenn andere Männer ihnen nachstellen. Wenn eine Familie, die in einem westlichen Land lebt, sich strikt gegen die hier gelebte

Großzügigkeit in Lebensstil und Umgangsweisen abschottet, erfolgt dies oft mit einem kultivierten Feindbild von einer ausschweifigen, sündigen, zerrütteten und dekadenten, gottlosen Gesellschaft. Dieser dürfen die Frauen der Familie nicht preisgegeben werden. Solche ausgeprägten Ehrbegriffe in Bezug auf die Frau sind aber nicht nur religiös motiviert, sondern meist länderspezifisch und ethnisch geprägt.

Der Islam schätzt Ehe und Familie sehr hoch ein. Respekt, Wertschätzung und Liebe sollen die Beziehung zwischen den Ehepartnern bestimmen, auch wenn die „Alltagsgeschäfte" häufig nach patriarchalischem Muster abgewickelt werden.

Symbole – Für Muslime gibt es zwei wichtige Symbole: das Wort Allah und die Sichel des Neumonds. Der arabische Schriftzug des Wortes Allah befindet sich in großen Lettern in vielen Moscheen und Wohnungen. Damit weisen die Muslime darauf hin, wie bedeutsam für sie der Glaube an den einen und einzigen Gott ist. Oft wird diesem Schriftzug auch der ganze Satz des islamischen Glaubensbekenntnisses hinzugefügt: La ilaha ila Allah: „Es gibt keine Gottheit außer dem Gott." Wer diesen Schriftzug als gläubiger Muslim liest, weiß sich in der Nähe des einen barmherzigen Gottes geborgen.

Die Sichel des Neumondes – er wird im Westen meist als Halbmond bezeichnet – steht im Zusammenhang mit der Berechnung des islamischen Jahres nach dem Mondkalender. Zahlreiche religiöse Feste und andere wichtige Termine richten sich nach dem Erscheinen des neuen Mondes. So beginnen die Muslime den Fastenmonat Ramadan mit dem Erscheinen der Mondsichel. Dieses ist auch für den Beginn des Opferfestes und der Pilgerfahrt nach Mekka ausschlaggebend. Die Mondsichel findet sich auf vielen Nationalflaggen und anderen Hoheitszeichen, sie ist Bestandteil der Embleme einer Reihe von Staaten und Organisationen wie etwa dem „Roten Halbmond", dem Gegenstück des westlichen Roten Kreuzes in den islamischen Ländern.

Kleidung – Die von Muslimen als typisch islamisch bezeichnete Kleidung geht nicht allein auf Weisungen des Koran zurück, sondern ist häufig auf kulturgeschichtliche Entwicklungen und landestypische Traditionen zurückzuführen. Alle stimmen darin überein, dass die Kleidungsstücke möglichst alle Körperteile bedecken sollen.

Es gibt auch eine Tradition, die besagt, dass ein Muslim keine Kleidungsstücke tragen soll, die auch von Nichtmuslimen verwendet werden. Doch daran halten sich zumindest hierzulande nur wenige. Die meisten Muslime tragen westliche Kleider, ziehen aber bei Festen oder zu wichtigen Ereignissen wie Prüfungen orientalische Kleider an. Muslime sehen es allerdings nicht gern, wenn diese Kleider auch von Nichtmuslimen getragen werden (wie dies von Touristen gelegentlich in islamischen Ländern geschieht).

Die Frauen ziehen außerhalb ihrer Wohnungen meist andere Kleider an als zu Hause oder an Orten, wo nur Frauen sind. Der Koran gebietet den Frauen, sich außerhalb des Hauses züchtig zu kleiden. Er verlangt weder eine völlige Verhüllung des Körpers noch das Tragen eines Kopftuches oder eines Gesichtsschleiers. Dieser kam erst auf, als persische und byzantinische Einflüsse den islamischen Lebensstil bestimmten.

Das Tragen des Kopftuches erfolgt von manchen muslimischen Frauen als Zeichen ihres Glaubens und ihrer Zugehörigkeit zum Islam, manchmal auch als Zeichen ihrer politischen Überzeugung. Andere legen keinen besonderen Wert darauf. Infragestellungen von Behörden und der nichtmuslimischen Bevölkerung empfinden viele muslimische Frauen als Einmischung und Verletzung. Für viele Deutsche rufen die Kopftuch tragenden muslimischen Frauen negative Assoziationen hervor wie Rückständigkeit, patriarchalische Unterdrückung oder Zeichen eines islamischen Fundamentalismus. Nur ein vergleichsweise geringer Prozentsatz der Musliminnen in Deutschland trägt ein Kopftuch. Dies betrifft vor allem die muslimischen Migrantinnen der ersten und teilweise auch der zweiten Generation, je nach religiösem Umfeld.

In den letzten Jahren ist vor allem die Zahl der jungen muslimischen Frauen, die ein Kopftuch tragen, gestiegen (Schülerinnen, Studentinnen, Frauen am Arbeitsplatz). Damit demonstrieren viele, dass modernes Frausein und Gläubigkeit durchaus zusammenpassen. Im Unterschied zu den Männern dürfen Frauen Schmuck aus Edelmetallen tragen.

Essen und Trinken – Die Einhaltung bestimmter Ernährungsgebote ist ein Bestandteil des gelebten Glaubens der Muslime. Hierzu gehören sowohl Bestimmungen, die den Verzehr bestimmter Speisen verbieten, als auch solche, die den Verzehr von Speisen nur unter bestimmten Bedingungen als erlaubt festlegen. Verboten ist Fleisch von verendeten Tieren, Blut und Schweinefleisch, aber auch vom Schwein gewonnene Fette, die bei der Zubereitung von Speisen verwendet werden.

Für den Verzehr von Fleisch gilt, dass dieses von Tieren stammen muss, die rituell, das heißt durch das Schächten getötet wurden (dieses geschieht durch Ausbluten nach dem Durchtrennen der Halsschlagader).

Eine weitere wichtige Speisevorschrift besteht im Verbot von alkoholischen Getränken. Dieses wird jedoch nicht von allen Muslimen gleichermaßen streng eingehalten (der Genuss von Alkohol hat in manchen muslimischen Ländern sogar eine lange Tradition).

Verhältnis zu nichtislamischen Religionen – Ein Muslim wächst in dem Bewusstsein auf, dass seine Religion die einzig wahre und beste sei. Eine Hinwendung zu einer anderen Religion ist auf jeden Fall ein Abfall, zumindest ein Abstieg (auf den in manchen islamischen Ländern die Todesstrafe steht). Auf jeden Fall ist der „Abtrünnige“ mitsamt seiner Familie geächtet. Das bedeutet allerdings nicht, dass Juden und Christen in ihren religiösen

Überzeugungen von Muslimen verachtet würden. Im Gegenteil: Es gibt eine spürbare Achtung und Sympathie für die verwandten „abrahamitischen" Religionen, und man schaut in vielen islamischen Kreisen mehr auf das Verbindende als auf das, was diese drei Religionen unterscheidet. Das betrifft das Beten und Feiern religiöser Feste, das Engagement für Frieden, Gerechtigkeit und Bewahrung der Schöpfung, die Verständigung auf Werte wie Solidarität und Gemeinsinn. Deshalb werden in westlichen Ländern christliche Erziehungs- und Bildungseinrichtungen häufiger von islamischen Familien bevorzugt als solche, in denen Religion keine Rolle spielt.

Doch die Prozesse der Annäherung und des Dialogs zwischen Muslimen, Juden und Christen sind vielfach sehr mühsam – vor allem bei den Führern dieser Religionen. In den gemeinsamen Lebensräumen der Menschen, in Kindertageseinrichtungen, Schulen, Nachbarschaftskreisen ist man diesbezüglich vielerorts bereits bedeutend weiter.

Der Islam stellt sich das Verhältnis der Religionen wie einen Baum vor. Aus dem fruchtbaren Boden der natürlichen Religiosität ist der Baum der abrahamitischen Religionen erwachsen. Abraham hat nach koranischer Aussage durch die Beobachtung der Natur erkennen können, dass es den allmächtigen Schöpfer geben muss. Mit ihm fängt nach islamischer Vorstellung der Glaube an einen Gott für die Menschen an. Den Eingottglauben bestätigte Gott, nach Auskunft des Islam, durch die Propheten und es wuchsen aus dem abrahamischen Stamm nach dem Auftreten des Moses noch die Äste des Judentums und nach dem Auftreten Jesu die des Christentums. Die Krone des Baums bildet aus Sicht der Muslime der Islam, weil er die umfassendsten Mitteilungen erhalten hat. Muslime betrachten daher das Christentum als Vorgängerreligion, die der Islam überragt.[30]

---

[30] Barbara Huber-Rudolf: Muslimische Kinder im Kindergarten. Eine Praxis-

Auffassungen von religiöser Erziehung

Im Mittelpunkt der religiösen Erziehung steht im Islam die Anleitung zum Gläubigsein nach den Grundsätzen des Korans. Die Kinder sollen möglichst früh den Glauben ihrer Familie übernehmen: den Glauben an den einen und einzigen Gott, den Glauben an seine Offenbarung und die Verkündigung dieser Offenbarung durch Mohammed, den Glauben an den Koran als das schriftlich festgehaltene Wort Gottes, den Glauben an die Engel als die Boten und Diener Gottes und Beschützer der Menschen, schließlich der Glaube an das Endgericht und die Auferstehung.

Ferner gehören zur religiösen Erziehung im Islam das Einüben in die islamische Frömmigkeit, d. h. das Einhalten der Grundpflichten eines frommen Muslimen („Fünf Säulen“) und das Vertrautwerden mit den Symbolen und Ritualen der islamischen Religion.

Ebenso gehört die Erziehung zu Werthaltungen und einer sittlichen Lebensführung – nach den Vorschriften des Korans – elementar zur religiösen Erziehung muslimischer Kinder.

Bei der religiösen Erziehung sollen zentrale Gesichtspunkte des islamischen Menschenbildes zum Tragen kommen: das Unterstelltsein des Menschen unter die „Herrschaft“, Barmherzigkeit und Güte Allahs, die Berufung des Menschen durch Allah, die Freiheit des Menschen als Voraussetzung für seine Ausrichtung auf Gott, das Angelegt- und Angewiesensein des Menschen auf Gemeinschaft, die Verführbarkeit und Gefährdung des Menschen durch dunkle Mächte (Satan), die Hoffnungsstärke und Liebesfähigkeit des Menschen.

---

hilfe für alltägliche Begegnungen. München: Kösel Verlag 2002, 108 S. (ISBN 3-466-36587-2), S. 29.

Verantwortlich für die religiöse Erziehung der Kinder sind:
- die Familie,
- der Kindergarten (zumindest in westlichen Ländern, in denen es immer mehr islamische Kindergärten gibt),
- die Moscheegemeinde,
- die Schule.

Methodisch gibt es verschiedene Ansätze: Religiöse Erziehung und Identitätsbildung durch Abgrenzung von der Lebenswelt andersgläubiger Menschen auf der einen Seite und auf der anderen religiöse Erziehung bzw. Identitätsbildung durch ein offenes und dialogisches Miteinander mit Kindern, Jugendlichen, Familien, die anderen Religionen angehören.

Anhaltspunkte für die interreligiöse Erziehung in Kindertageseinrichtungen

Für die interreligiöse Erziehung mit muslimischen Kindern bieten sich zahlreiche gemeinsame Themen an. Es gilt aber auch, Unterschiede in religiösen Auffassungen und in Alltagshandlungen zu beachten.

Gemeinsame Themen: Die Verehrung Gottes, des Schöpfers der Welt. An ihn können sich die Kinder – christliche wie muslimische – mit Lob-, Dank-, Bittgebeten und -liedern wenden. Dabei sollten allerdings sowohl Christen wie Muslime ihre eigenen Gebete vortragen, ihre Gebetshaltungen beibehalten und ihre Symbole hinzuziehen können.

Zu den gemeinsamen Themen gehören auch solche, die sich auf den Umgang miteinander beziehen. Vor allem Christen und Muslime (wie auch Buddhisten) haben eine ausgeprägte Ethik der Nächstenliebe und der Solidarität mit Notleidenden entwickelt. So bieten sich bei den Fragen der Gestaltung zwischenmenschlicher Beziehungen viele Ansatzpunkte für eine interreligiöse Erziehung. Allerdings ist bei muslimischen Kindern darauf zu achten, dass in manchen Familien spürbare Unterschiede bei der Behandlung von Mädchen und Jungen gemacht werden. Sollte davon auch der Umgang zwischen muslimischen Mädchen und Jungen in einer Kindertageseinrichtung bestimmt sein, muss eine Annäherung zwischen dem Bemühen der Erzieher/-innen um eine generelle Gleichbehandlung von Mädchen und Jungen und den Prägungen muslimischer Kinder durch ihre Familien versucht werden.

Einige christliche Symbole, wie beispielsweise das Kreuz, sind für manche Muslime nur schwer zu ertragen. Deshalb sollte bei der Ausstattung der Räume einer Kindertageseinrichtung darauf geachtet werden, dass keine provozierenden Symbole einer Religion angebracht werden, sondern dass möglichst von allen Religionen, die durch die Kinder in der Einrichtung vertreten sind, Symbole verwendet werden.

4.4 Der Hinduismus – die älteste der fernöstlichen Weltreligionen

Präsenz von Angehörigen der hinduistischen Religion in Deutschland

In Deutschland ist der Hinduismus in organisierter Form (Gemeinden, Organisationen) kaum vertreten. Es gibt zwar Gruppen und Sekten, die sich auf hinduistische Traditionen berufen (Hare Krishna, Osho-Jünger usw.). Doch dabei handelt es sich meist um esoterische Kreise, die in der Öffentlichkeit kaum in Erscheinung treten. Hinduistische Kinder, die deutsche Kindertageseinrichtungen besuchen, dürften vor allem aus indischen Familien kommen, die in unserem Land meist mit begrenzter Aufenthalts- und Arbeitsgenehmigung leben. In Deutschland leben rund 35.000 indische Staatsbürger.

Entstehung und Geschichte des Hinduismus

Unter den großen Weltreligionen – Judentum, Christentum, Islam und Buddhismus, – ist der Hinduismus die älteste. Der Name hat einen geographischen Ursprung: Mitte des 2. Jahrtausends v. Chr. drang das Nomadenvolk der Arier in das Indusgebiet im nordwestlichen Indien ein. Die hier am Indus-Fluss lebenden Menschen wurden „Hindus" genannt. Aus diesem Namen entwickelte sich im 19. Jahrhundert die Bezeichnung „Hinduismus" für die Religion, die in diesem Gebiet entstanden ist und sich in ganz Indien ausbreitete.

Die Arier brachten eine eigene heilige Sprache, das Sanskrit, ihre eigenen Götter, heiligen Schriften und eine eigene stark hierarchisch geprägte Gesellschaftsordnung mit. Aus ihr entwickelte sich das die heutige indische Gesellschaftsordnung noch immer bestimmende Kastensystem.

Je weiter die Arier nach Osten in das Landesinnere Indiens zogen, desto mehr geriet ihre Religion unter den Einfluss der einheimischen Religion. Der heutige Hinduismus ist demnach aus der Vermischung zweier verschiedener Kulturen und religiöser Traditionen entstanden, der vor-arischen Urbevölkerung Nordindiens und der arischen Religion.

Im Laufe der Jahrhunderte hat der Hinduismus eine Reihe unterschiedlicher Ausprägungen erfahren. Heute steht die Bezeichnung Hinduismus für eine Vielzahl religiöser Glaubensrichtungen und -praktiken, in die auch Elemente anderer Religionen aufgenommen wurden.

Der Hinduismus ist die führende Religion Indiens.

Die heiligen Schriften des Hinduismus

Für die Frage nach dem Woher und Wozu der Welt, des Lebens und des Menschen, nach dem Sinn und Ziel des Daseins und nach der rechten Lebensführung finden die Hindus Antworten in ihren heiligen Schriften. Zu diesen gehören:

Die Veden – eine Sammlung von Texten, die bereits auf die Zeit der Arier zurückgeht. Sie enthält Hymnen und Gesänge, die von mystischen Erfahrungen mit den Göttern und mit den Kräften der Natur, von magischen Praktiken und einem den Göttern gefälligen Leben berichten. Die große Zeit der Veden lag in den ersten Jahrhunderten des Hinduismus, in denen der Opferkult noch dominierte. Um die Veden verstehen zu können, waren die Gläubigen auf die Erklärungen der Priester (Brahmanen) angewiesen. Dies ist auch heute noch so. Da die Veden für die Allgemeinheit weitgehend verschlossen sind, spielen sie gegenwärtig für gläubige Hindus keine zentrale Rolle mehr.

Die Upanishaden – eine weitere für den heutigen Hinduismus bedeutende Sammlung heiliger Texte, die gesammelt und verbreitet wurden, als die Veden an Bedeutung verloren. Sie enthalten vor allem philosophische Erklärungen zum Sinn des Daseins und zu den großen Fragen des Lebens und haben auf die Entwicklung des Hinduismus eine große Bedeutung. Sie gelten ebenso wie die Veden als Offenbarung Gottes, des Weltgeistes Brahman, und sind deshalb unantastbare Texte, die wörtlich zu befolgen sind.

Die Puranas – sie gehören zu den wichtigsten Schriftsammlungen des Hinduismus. Sie enthalten Geschichten vom Leben und den Abenteuern der Götter und zwei große epische Erzählwerke: a) das Ramayana – Erzählungen über den Prinzen Rama und seine Gattin Sita, deren Tapferkeit, Aufrichtigkeit, Treue und Verlässlichkeit für viele Inder heute noch vorbildlich sind; b) das über 200.000 Zeilen lange Gedicht Mahabharata, das vom Kampf zweier verwandter Fürstenhäuser erzählt. Von diesem Gedicht ist vor allem der Textteil des Bhagavadgita berühmt geworden. Er enthält ein Gespräch zwischen dem Fürsten Arjuna und seinem Wagenlenker über die grundsätzlichen Fragen des Lebens. Es ist letztlich eine Meditation über die Natur Gottes und die Wege der Erlösung durch Wissen, Hingabe und Arbeit. Die Bhagavadgita wird häufig auch als die „Bibel des Hinduismus" bezeichnet.

Der Glaube der Hindus

Der Hinduismus hat kein Lehrgebäude von Glaubenssätzen entwickelt. Es geht weniger um das Festhalten an Glaubenswahrheiten als um eine rechte Lebensweise. Diese zielt darauf ab, den Kreislauf der Wiedergeburten zu durchbrechen und zur ewigen Vereinigung mit Brahma, dem göttlichen Urgrund von allem, was existiert, zu gelangen. „Ziel des menschlichen Lebens … ist das Ausscheiden aus dem leidvollen Geburtenkreislauf durch Höherentwicklung im Durchschreiten der verschiedenen Lebensstadien: Pflanzen – Insekten – Vögel – Tiere – Menschen – Dämonen – Geister – Götter."[31]

Diese Auffassung wird von allen Hindu-Traditionen vertreten. Sie alle verbindet die Überzeugung, dass alles, was geschieht, einer ewigen und unveränderlichen Weltordnung, dem Dharma, folgt. Das Dharma garantiert sowohl den Bestand der Welt als auch einen gerechten Ablauf der Dinge – auch wenn der Mensch dies im Einzelnen nicht immer zu erkennen vermag. Alle Hindu-Traditionen halten an dem Glauben an eine Reinkarnation fest, die besagt, dass die Seele des Menschen nach seinem Tod irgendwo auf der Welt in einem neuen Körper wiedergeboren wird. Entscheidend dafür, wie oft diese Wiedergeburten

[31] Gottfried Hierzenberger, Der Glaube der Hindus. Limburg-Kevelaer: Lahn Verlag 2003 (Reihe: Grundwissen Religion; Topos plus TB 469), S. 104.

erfolgen und in welchem Körper man neu auf diese Welt kommt, sind die guten und die bösen Taten, die man in einem Leben verrichtet. Dass auf jede Tat die entsprechende Konsequenz folgt, entspricht dem unerbittlichen Gesetz des Karma, das den Lohn für die Lebensführung bemisst. Durch gute Werke kann man sich gutes Karma sammeln, das dazu führt, dass man im nächsten Leben in eine bessere soziale Existenz hineingeboren wird. Gelingt es dem Hindu, von Leben zu Leben immer reiner zu werden, wird er schließlich Moksha, die Erlösung aus diesem Geburtenkreislauf, erlangen.

Dieser Seinsgrund ist der eine und einzige Gott, Brahman, die unsichtbare allmächtige Kraft, aus der die ganze Schöpfung hervorgegangen ist und zu dem sie eines Tages wieder zurückkehrt. Er selbst ist unsichtbar, zeigt sich aber in einer Vielzahl von Gottheiten.

Viele Hindus verehren mehrere Gottheiten und darin jeweils Brahma, den allmächtigen, allumfassenden und ewigen Gott, die Personifizierung des Weltgeistes Brahman. Andere unterstellen sich dem Schutz einer einzigen Gottheit, ohne aber die Existenz vieler anderer Götter zu leugnen. Manche gehen sogar so weit, dass sie die gesamte Welt als Verkörperung der Götter sehen.

An der Spitze der hinduistischen Götter stehen Brahma, Wischnu und Schiwa. Sie verkörpern die Erschaffung, den Erhalt und die Zerstörung der Welt. Brahma ist der Erschaffer; von ihm stammt alles, was ist. Für den Erhalt der Welt sorgt Wischnu, der ein gütiges Wesen hat und immer wieder irdische Gestalt annimmt, wenn auf der Erde das Böse die Oberhand gewonnen hat und die Weltordnung wiederhergestellt werden soll. Besonders beliebt sind zwei der Verkörperungen Wischnus, nämlich Rama und Krischna. Der Gott Krischna verkörpert weniger das Heldenhafte als vielmehr die Güte und Menschenfreundlichkeit Wischnus und damit des Weltengottes Brahma. Krischna liebte ein Hirtenmädchen und wurde aus Versehen von einem Jäger getötet. Zu Krishna beten seine Anhänger mit der Bitte um Schutz, Frieden und um Hilfe für ein gutes Leben.

Auch der Gott Schiwa ist wie fast alles im Hinduismus vielgestaltig und uneindeutig. Einerseits ist er der Zerstörer von Mensch, Tier und Welt, andererseits gilt er als ein erbarmender Gott, als eine Art Heiland. Seine Gattin Durga nimmt an dem zerstörerischen und an dem Leben erhaltenden Werk Schiwas teil: als Göttin Kali vernichtet sie die Dämonen, als Muttergöttin Parvati spendet sie Leben und gibt Nahrung. Ein Sohn Schiwas ist der sehr beliebte elefantenköpfige Gott Ganescha, der einen beleibten menschlichen Körper mit vier Armen hat. Er ist der Gott des Wohlstandes, aber auch der Weisheit und der Schreibkunst.

Die Hindugruppen und -gemeinschaften, die den Wischnu- und Schiwakult pflegen, sind die zahlenmäßig größten religiösen Gruppierungen des Hinduismus. Daneben gibt es zahlreiche weitere kleinere Kultgemeinden, von denen die Verehrer der Göttin Shakti die stärkste und einflussreichste ist.

Der Glaube der Hindus ist auf den ersten Blick für Außenstehende verwirrend und widersprüchlich. Aber es lassen sich für alle unterschiedlichen Richtungen Kernaussagen erkennen: Die göttliche Urkraft Brahman ist der Ursprung von allem, was ist. Sie hat die Welt und die Menschen geschaffen. Alles Sein der Welt soll einmal zu ihm zurückkehren und sich mit ihm wieder vereinen. Die Welt ist in einen unendlich lang andauernden Kreislauf von Werden und Vergehen eingebunden. Das ist auch das Schicksal des Menschen. Durch eine gute Lebensführung und die Hilfe von Gottheiten kann er es aber erreichen, diesen Kreislauf zu durchbrechen und zu Brahman zu gelangen. Dabei helfen ihm die Götter, die allesamt als Ausdrucksformen und unterschiedliche Verkörperungen von Brahman angesehen werden. Die kulthafte Verehrung dieser Gottheiten und eine Lebensgestaltung nach den Vorschriften dieses Kultes bestimmen das religiöse Leben der Hindus.

Menschenbild und Ethik des Hinduismus

Das Menschenbild des Hinduismus ist vor allem durch den Dualismus zwischen dem eigentlichen Selbst, Atman, und dem realen, empirisch feststellbaren Selbst des Menschen bestimmt. Das eigentliche Selbst ist in der ursprünglichen Identität zwischen Brahman und Atman begründet, die es wiederzuerlangen gilt. Das alltäglich erfahrene Selbst, in dem sich der einzelne Mensch als von anderen unterscheidbares individuelles Ich erfährt, gehört zur sichtbaren Seite der Welt und des Seins und ist deshalb dem Kreislauf der Wiedergeburten unterworfen. Das Ziel des menschlichen Lebens besteht nicht darin, dieses sichtbare, auf das Hier und Jetzt bezogene Selbst zu seinem eigenen alltäglichen Wohlergehen zu leben, sondern dieses als das uneigentliche, scheinbare, unwesentliche Dasein in seiner Vergänglichkeit richtig einzuschätzen, die Grenzen dieses individuellen Lebens zu überschreiten und nach der wahren Identität, dem Einssein mit dem wahren und absoluten Sein zu streben. Neben dieser zentralen Zielsetzung des menschlichen Lebens sind alle anderen Ziele wie Wohlstand, soziale Sicherheit und Frieden zweitrangig. Solche Ziele sind nur erstrebenswert, insofern sie den strengen Vorgaben des sozialen Standes, dem man angehört (Kaste), und letztlich zur Erreichung der Erlösung dienen. Wer das Individuum ist und welche Bedeutung ihm zukommt, hängt letztlich von seiner Standes- und das heißt in Indien: seiner Kastenzugehörigkeit ab.

Das Menschenbild des Hinduismus geht also nicht vom Menschen an sich aus, der allein durch sein Menschsein bereits Wert und Würde hat. Das hinduistische Menschenbild ist von der Sozialordnung bestimmt, die wiederum nur ein Stadium der Bewährung des Einzelnen auf seinem Weg zur Erlösung aus dem Kreislauf der Wiedergeburten darstellt.

Das oberste Ziel für einen Hindu besteht darin, aus dem Kreislauf der Wiedergeburten ausscheiden zu können. Alles ist gut, was ihn dieser Erlösung (Moksha) näher bringt. Dazu bieten sich ihm drei Wege an: 1. der Weg der Erkenntnis, 2. der Weg des Handelns, 3. der Weg der Liebe und Hingabe. Der Weg der Liebe ist für die Mehrzahl der Hindus der maßgebende. Denn der Weg der Erkenntnis verlangt eine hohe geistige und spirituelle Disziplin bei den Konzentrations- und Meditationsübungen, die dazu führen sollen, dass man alle Wesen in einem Selbst und sein Selbst in allen Wesen erkennt und somit zur unmittelbaren Einsicht gelangt, dass Atman (die eigene Seele und die Seele der Dinge überhaupt) und Brahman, der Weltgeist, identisch sind. Dieser anspruchsvolle, auf Askese und hoher geistiger Konzentration aufbauende Weg der Erkenntnis wird nur von relativ wenigen Hindus bis zum Ende gegangen.

Der Weg des Handelns besteht im Gebet, in Opfern, Riten, Wallfahrten, im Rezitieren von Formeln und magischen Worten, im Schmücken der Götterbilder und im Besuch der Tempel. Auf dem Weg des Handelns stehen dem Hindu viele Wege offen; alle kultischen Handlungen, die ihn der Erlösung näher bringen können, sind erlaubt.

Der Weg der Liebe meint an erster Stelle die Liebe zu Gott, d. h. zu Brahman oder zu einem der anderen Götter, die als seine Verkörperung gelten. Die Gottesliebe zeigt sich in Anhänglichkeit, Hingabe, Treue, Verehrung und liebevoller Zuneigung. Dieser Weg ist allen Hindus offen, unabhängig von ihrer sozialen Herkunft und ihrer Kastenzugehörigkeit.

„Das alltägliche Leben der Hindus wird nicht nur vom Gedanken an die Erlösung bestimmt. Sie bildet zwar die zentrale Lebensperspektive, steht aber nicht in jedem Augenblick im Vordergrund des Bewusstseins. Die weltlichen Dinge fordern hier wie überall ihr Recht. Für die Inder ist es wie für alle Menschen wichtig zu essen und zu trinken, zu arbeiten und zu ruhen, zu lieben und zu feiern. Alle diese Dinge sind zwar immer in die religiöse Dimension eingebunden, werden aber auch in ihrer Alltäglichkeit erlebt … Es gibt eine Stufenordnung des Lebens, in dessen jeweiligen Phasen unterschiedliche Pflichten zu beachten sind und unterschiedliche Werte verwirklicht werden sollen. Sie führt von einfachen Anforderungen über die Standespflichten bis zur Vollendung."[32]

Auffassungen von religiöser Erziehung

Die religiöse Erziehung im Hinduismus besteht zum einen im Vertrautmachen mit den heiligen Schriften und mit den Symbolen, Riten und Festen, die sich in der Tradition der Verehrung einer der hinduistischen Gottheiten herausgebildet haben. Zum anderen geht es bei der religiösen Erziehung um das Einüben in Werthaltungen und Verhaltensweisen, die den Gesetzen der jeweiligen Kaste und den unterschiedlichen Lebensstadien entsprechen.

Die Familie ist der wichtigste Ort, in dem solche elementaren Lernprozesse initiiert und begleitet werden. Ein wichtiges Element ist das Erzählen von Überlieferungen über die Gottheiten und religiöse Helden, die in der Geschichte des Hinduismus eine wichtige Rolle gespielt haben. Die Rolle der Weitergabe der alten Erzählungen und Weisheiten nimmt in der Regel die Mutter ein.

Neben der Familie sind es vor allem religiöse Gelehrte und Weise, zu denen die Eltern für eine gewisse Zeit ihre Kinder schicken, damit sie in die Welt der hinduistischen Religion eingeführt und über die zentralen Wahrheiten unterrichtet werden.

Schließlich ist die frühe Beteiligung der Kinder am Kult der Götter, die von ihren Eltern verehrt werden, eine bedeutende Form der religiösen Erziehung. Hier erleben die Kinder den Glauben und die Frömmigkeit ihrer Eltern mit und können aktiv daran teilnehmen. So erfahren sie, was einem Hindu heilig und wert ist.

---

[32] Werner Trutwin, Die Weltreligionen – Hinduismus. Arbeitsbücher für die Sekundarstufe II Religion – Philosophie – Ethik. Düsseldorf: Patmos Verlag 1998, S. 49.

Anhaltspunkte für die interreligiöse Erziehung in Kindertageseinrichtungen

Kindertageseinrichtungen kommen mit dem Hinduismus gewöhnlich auf zweifache Weise in Berührung: erstens, indem sie von Kindern aus indischen Familien besucht werden; zweitens, indem Eltern mit Ambitionen zu Ideen und spirituellen Praktiken, die aus dem Hinduismus stammen, ihre Vorstellungen einbringen bzw. bei ihren Erwartungen an die (religions-)pädagogische Arbeit der Erzieher/-innen esoterische Gedanken äußern. Grundsätzlich dürfte es kaum zu Gegensätzen zu einer christlich orientierten religiösen Erziehung kommen, da sich viele christlichen Vorstellungen in die hinduistische Glaubenswelt einbinden lassen. Auf folgende Themen sollten Erzieher/-innen besonderen Wert legen, wenn sie es mit Kindern aus indischen und aus hinduistisch orientierten deutschen Familien zu tun haben:

- die Betrachtung der Natur als eine göttliche Schöpfung, die geachtet und geschützt werden muss;
- das Vertrauen zu Gott, der den Menschen auf seinen Wegen durch das Leben und in schwierigen Zeiten Schutz und Beistand gewährt, den man darum bitten und dem man seinen Dank in Gebeten, Liedern und mit Symbolen zeigen kann;
- die Verpflichtung des Menschen, Gutes zu tun und Böses zu unterlassen;
- die Vorstellung, dass der Mensch nach seinem Leben hier auf der Erde einmal bei Gott ganz und gar aufgehoben sein wird.

Allerdings sollte beim Behandeln solcher Themen auch deutlich werden, dass es im Einzelnen Unterschiede zwischen den Religionen gibt – wie beispielsweise in dem Glauben an ein Leben nach dem Tod: Juden, Christen und Muslime sind davon überzeugt, dass der Mensch als die Person, die er in dieser Welt ist, weiterexistieren wird und dass die Art und Weise, wie er vor seinem Tod gelebt hat, mitentscheidend dafür ist, wie es mit ihm danach weitergeht. Hindus dagegen können sich ein Leben nach dem Tod als personale Existenz nicht vorstellen.

Wenn also bei der interreligiösen Erziehung die Frage behandelt wird, was die Religionen, denen die Kinder in der Gruppe angehören, dazu sagen, werden auch die unterschiedlichen Auffassungen deutlich werden müssen.

Die interreligiöse Erziehung mit Kindern hinduistischer oder hinduistisch orientierter Eltern dürfte dort unproblematisch sein, wo der Umgang mit der Natur und der Umgang miteinander thematisiert werden und wo die Kinder in Gebeten, Liedern und Tänzen Lob, Dank und Bitten gegenüber Gott zum Ausdruck bringen.

4.5 Der Buddhismus – eine Lebensphilosophie mit der Bedeutung einer Religion

Präsenz des Buddhismus in Deutschland

Im europäischen Raum wurde der Buddhismus erst im 18. Jahrhundert einer größeren Öffentlichkeit bekannt. Ausschlaggebend waren Übersetzungen buddhistischer Schriften durch Missionare des christlichen Jesuitenordens und Reiseberichte, die in Zeitungen und Büchern verbreitet wurden. Vor allem waren es deutsche Denker und Sprachwissenschaftler, die sich mit der Lehre des Buddhismus und seinen Weisungen für die Lebensgestaltung auseinander setzten.

Ab den fünfziger Jahren des letzten Jahrhunderts schlossen sich in Deutschland einzelne buddhistische Gemeinschaften zu Dachorganisationen zusammen. Das Interesse stieg in den sechziger und siebziger Jahren unter dem Einfluss der Hippiebewegung und der vielfältigen Schulen der Meditation und Selbsterfahrung. Auf der Suche nach einer alternativen Religiosität reisten viele Europäer, vor allem Deutsche, nach Asien, und umgekehrt kamen tibetische, chinesische und japanische Buddhisten in den Westen, um Meditationskurse und Wochenendseminare abzuhalten.

Entstehung und Geschichte des Buddhismus

Neben dem Christentum und dem Islam ist der Buddhismus die dritte Weltreligion, deren Entstehung auf eine einzelne Person zurückzuführen ist, auf Siddharta Gautama, der später der Buddha genannt wurde.

Über das Geburts- und Todesjahr gibt es keine exakten Angaben; die meisten Wissenschaftler gehen davon aus, dass Siddharta Gautama um 560 v. Chr. geboren wurde und um 480 v. Chr. gestorben ist.[33]

In den achtzig Jahren seines Wirkens hielt der Buddha sich in relativ dicht beieinander liegenden Orten im südlichen Himalayavorland auf. Geboren wurde er als Sohn eines Fürsten (Raja) in Lumbini, einem Dorf an der nepalesischen Grenze. Er verbrachte seine Jugend in Sicherheit und Wohlstand in Kapilavastu, der Hauptstadt des Volkes der Shakya, an dessen Spitze sein Vater stand. Im Alter von sechzehn Jahren wurde Siddharta mit einer gleichaltrigen Kusine verheiratet. Doch in seinem 29. Lebensjahr, unmittelbar nach der Geburt seines Sohnes Rahula, gab er Familie und Heimat auf.

Den Ausschlag für diese radikale Änderung in seinem Leben gab die Begegnung mit unterschiedlichen Formen des menschlichen Leidens, als ihm bei Ausfahrten aus seinem Palast ein greiser Mann und ein Schwerkranker begegneten und er erlebte, wie man einen Toten zu Grabe trug. Er erkannte, dass Alter, Krankheit und Tod zu den unausweichlichen Bestandteilen des menschlichen Lebens gehören und dass Glück und Wohlstand

---

[33] Vgl. Thomas Schweer: Stichwort Judentum. München: Heyne Verlag 2. Aufl. 1994 (Heyne-TB Sachbuch 19/4055), S. 14.

permanent von möglichem Unheil bedroht sind. Als er schließlich einem heiter gelassenen Bettelmönch begegnete, der offensichtlich jedes Streben nach Sicherheit, Wohlergehen und Glück abgelegt hatte, wollte Siddharta Gautama sein bisher sorgloses Leben im Wohlstand ändern. Er verließ den Palast seines Vaters und zog, mit dem gelben Gewand eines Asketen bekleidet, ins Land auf der Suche nach Antworten auf die Frage, wie sich das Leiden in der Welt überwinden ließe. Er ging bei mehreren Lehrern in die Schule, übte sich in strengster Enthaltsamkeit und fand schließlich nach Jahren des Suchens in einer tiefen Meditation die ersehnte Erleuchtung in die Ursachen des Leidens und in die Möglichkeit, dieses hinter sich zu lassen. Fortan wurde er Buddha, der Erwachte und Erleuchtete, genannt.

Zum Zeitpunkt seiner Erleuchtung war der Buddha etwa 35 Jahre alt. In den folgenden 45 Jahren bis zu seinem Tod zog er predigend durch das nördliche Indien und gewann immer mehr Anhänger. Allmählich bildete sich eine neue Mönchsgemeinde, deren Erkennungszeichen der kahl geschorene Kopf und die gelbe Robe waren.

„Die buddhistischen Texte erzählen von zahlreichen Gelegenheiten, bei denen der Buddha die Tugenden der mitleidsvollen Anteilnahme am Schicksal anderer, der Bereitschaft, seinen Gegnern zu verzeihen, der Fähigkeit zur Friedensstiftung zwischen verfeindeten Parteien und des Einfühlungsvermögens als Lehrer zeigte. Als er achtzigjährig in Kushinara an einer Lebensmittelvergiftung stirbt, ist die Gemeinde bereits so weit etabliert, dass sie auch ohne ihren Meister weiter bestehen kann. Der Buddha stellte stets die Lehre in den Mittelpunkt und betonte die Vergänglichkeit aller irdischen Erscheinungen.“[34]

Im Laufe der Jahrhunderte haben sich zahlreiche neue Gemeinschaften und Lehrrichtungen herausgebildet. Sie sind alle einer der drei Hauptströmungen des Buddhismus zuzurechnen,

---

[34] Ebd., S. 18.

dem Hinayana, dem Mahayana – ihm gehören die meisten Buddhisten an – und dem Yajrayana, der jüngsten und zahlenmäßig kleinsten Richtung des Buddhismus.

Die Anhänger des Hinayana-Buddhismus (der auch „kleines Fahrzeug“ und Theravada genannt wird, was „Weg der Alten“ bedeutet) nehmen für sich in Anspruch, die Lehre des Buddha unverfälscht erhalten zu haben.

Die Anhänger des Mahayana-Buddhismus („großes Fahrzeug“) setzen andere Akzente in der Deutung der buddhistischen Lehre als die Hinayana-Anhänger. Der Mahayana-Buddhismus enthält zahlreiche volkstümliche Elemente und ist in seinen Ansichten und Lebensgrundsätzen durch eine größere Nähe zu den Menschen gekennzeichnet; deshalb hat er auch mehr Anhänger als der Hinayana-Buddhismus.

Der Yajrayana-Buddhismus („Diamantenes Fahrzeug“) ist zwischen 500 und 1000 n. Chr. im heutigen Tibet entstanden und bei uns als „Tibetischer Buddhismus“ und als aus China und Japan kommender „Zen-Buddhismus“ bekannt.

Durch rege Missionstätigkeit buddhistischer Mönche sowie durch Reisende und Kaufleute kam es zu einer Verbreitung des Buddhismus über Indien, Sri Lanka, China, Nepal, Tibet, Korea, Japan und die südostasiatischen Staaten. Heute ist er allerdings aufgrund des Wiedererstarkens des Hinduismus und durch die Ausbreitung des Islam im indischen Subkontinent aus seinem Ursprungsland Indien fast ganz verschwunden.

Für die Ausbreitung des Buddhismus war häufig die Verbindung mit der politischen Führung eines Landes ausschlaggebend.

Die heiligen Schriften des Buddhismus

Die heiligen Schriften des Buddhismus sind in zwei umfangreichen Textsammlungen zusammengefasst:

Der Pali-Kanon – er enthält die maßgebenden Schriften des Hinayana-Buddhismus: a) Ordensregeln, die das Aufnahmeverfahren für Mönche und Nonnen und ihr tägliches Leben bestimmen; b) Lehrvorträge, die aus den Predigten des Buddha und seinen Gesprächen mit den Jüngern entstanden sind; c) die höhere Lehre, die einzelne Aussagen des Buddha näher erläutert und zahlreiche Fragen des Menschseins behandelt.

Die Sutras – sie enthalten Lehrreden, die wörtlich auf den Buddha zurückgehen sollen. Diese Reden, die in der Zeit um 100 v. Chr. bis 500 n. Chr. entstanden sein dürften, sind die am meisten verbreiteten Schriften des Buddhismus. Auf die Sutras berufen sich die Anhänger des Mahayana-Buddhismus.

Die Lehre des Buddhismus

Die zentrale Aussage der buddhistischen Lehre besteht in der Feststellung, dass alles Sein vom Leiden behaftet ist und dass der Sinn des Lebens allein darin besteht, dieses Leiden und letztlich die Welt zu überwinden, die durch und durch vom Leiden bestimmt ist. Die Frage, wer diese Welt geschaffen hat und warum, ist letztlich belanglos. Ebenso die Frage nach der Existenz eines persönlichen Gottes. Buddha hat diese Existenz niemals geleugnet, aber für ihn war die Frage danach unwesentlich. Denn selbst wenn es einen Gott gäbe, könnte er den Menschen nicht von seiner Unwissenheit und seinem selbstverschuldeten Leiden erlösen. Diese Erlösung erreicht der Mensch allein durch die Einsicht in die Wahrheit des Seins.

Im Buddhismus gibt es keine Gottesvorstellung, die der von Juden, Christen oder Muslimen ähnlich wäre.

Die Frage, ob der Buddhismus überhaupt als eine Religion bezeichnet werden kann, ist für manchen Betrachter unklar. „Das liegt daran, dass die Kennzeichen, die wir gewöhnlich für die Definition von Religion benutzen, eher vom Christentum und den anderen hier bekannten Religionen gewonnen werden. Danach hat es die Religion mit der Sphäre Gottes/des Göttlichen zu tun, von der sich der Mensch abhängig fühlt, geführt weiß und zu der er zu gelangen hofft. Seine unvergleichliche Beziehung zu Gott/dem Göttlichen bringt der Mensch vielfältig zum Ausdruck, vor allem in Glaube und Bekenntnis, in Gebet und Ritus, in Ethos und Mythos. Oft hat die Religion eine stark gemeinschaftsbildende Wirkung. In der Tat passen nicht alle Elemente dieser Definition auf den ursprünglichen Buddhismus." Doch „wenn man in der Religion vor allem einen Weg zur Erlösung sieht, dann ist der Buddhismus auch in seiner ältesten Form eine bemerkenswerte Religion. Der Buddha will einen praktischen Weg zur endgültigen Überwindung des Leids und damit zur Erlösung weisen. Am Ende steht die Befreiung von sich selbst, da für den Buddhismus das Ich mit seinem vielfältigen Verlangen die Quelle allen Schmerzes und Leides ist".[35]

Welcher Richtung die einzelnen Buddhisten auch angehören, die für alle gemeinsame Lehre besagt, dass es „vier edle Wahrheiten" über das Rätsel des Leidens gibt:

- *Das Wesen des Leidens* – alles Sein ist von Leiden durchdrungen.
- *Die Entstehung des Leidens* – es entsteht durch Lebensdurst nach Lust, Freude, Leidenschaft, nach Erkennen und Wissen, nach Ansehen und Wohlstand; dieser Lebensdurst bewirkt ein ständiges Werden und Vergehen.
- *Die Beendigung des Leidens* – sie erfolgt durch Unterdrückung und völlige Aufhebung des Lebensdurstes.
- *Das endgültige Aufheben des Leidens* – es geschieht durch das Beschreiten des „achtteiligen Pfades": des rechten Verstehens,

[35] Werner Trutwin, Die Weltreligionen – Buddhismus. Arbeitsbücher für die Sekundarstufe II Religion – Philosophie – Ethik. Düsseldorf: Patmos Verlag 1998, S. 12 f.

des rechten Denkens, des rechten Redens, Handelns und Lebens, des rechten Strebens, Gedenkens und Sichversenkens.

Das Nachsinnen über die Frage nach dem Wesen, den Ursachen, der Überwindung und dem Ende des Leidens brachte Buddha zu der Erkenntnis, dass es der Lebensdurst des Menschen ist, der sich in seinen tausendfachen Wünschen nach Erkenntnis, nach Besitz, nach Gemeinschaft, nach Anerkennung, nach dem Mehr, dem Höheren, Besseren, Vollkommenen manifestiert, die Ursache dafür ist, dass der Mensch immer wieder leiden und sterben und wiedergeboren werden muss. Erst wenn man erkennt, dass es das eigene Selbst eigentlich gar nicht gibt, sondern dass alles, was existiert, nur aus dem Zusammenspiel unterschiedlicher Faktoren entstanden ist, erlangt man die Befreiung von falschen Vorstellungen von sich und der Welt, die ständig neu den Lebensdurst erzeugen. Vor allem muss der Mensch erkennen, dass sein Bewusstsein von sich selbst als einem einheitlichen Ganzen nur eine Illusion ist.

Menschenbild und Ethik des Buddhismus

Der Mensch ist nach Auffassung des Buddhismus keine in sich stehende eigenständige Persönlichkeit. Er ist vielmehr aus den fünf Elementen „Körper, Empfindungen, Wahrnehmungen, Triebkräfte und Bewusstsein zusammengesetzt, die in ihrer Gesamtheit das illusionäre Gefühl eines Ichbewusstseins vermitteln … Tatsächlich sind die fünf Daseinsfaktoren in einem beständigen Wandel von Werden, Bestehen und Vergehen begriffen und von ihrem jeweiligen Zusammenspiel abhängig“.[36] Das bedeutet: Es gibt keinen unveränderlichen Wesenskern des Men-

[36] Thomas Schweer, Stichwort Buddhismus. München: Heyne Verlag 4. Aufl. 1992 (Heyne-TB Sachbuch 19/4015), S. 23 f.

schen. Wenn der Mensch stirbt, ist das Zusammenspiel der fünf Faktoren, die seine Existenz begründeten, auseinander gebrochen. Ob und auf welche Weise er wiedergeboren wird, hängt von seinem Karma ab. Dieses besteht aus der Gesamtsumme aller guten und schlechten Handlungen, Gedanken und Willensvollzügen. Ob der Mensch ein gutes oder schlechtes Karma sammelt – Letzteres verstärkt die Wahrscheinlichkeit, dass der Mensch wiedergeboren wird –, hängt von seinen Gedanken und Absichten ab. „Die Wiedergeburten sind die zwangsläufige Folge einer endlosen Verkettung von Gedanken und der daraus resultierenden guten und schlechten Verhaltensweisen.

Die Auswirkungen des Karma werden jedoch nicht als Strafe im moralischen Sinne angesehen. Sie sind eine natürliche Folge, so wie eine Verletzung das Resultat einer Unachtsamkeit sein kann. Es gibt kein höheres Wesen, das die Menschen belohnt oder straft, sondern jeder ist für seine körperliche Verfassung und seine soziale Stellung selbst verantwortlich.“[37]

Das Lebensziel des Menschen besteht darin, ins Nirwana einzugehen. Wörtlich übersetzt heißt Nirwana: Verwehen, Verlöschen. In das Nirwana einzugehen, meint aber nicht einfach zu einem Nichts zu verlöschen, sondern sich in etwas anderes, Ichloses zu verwandeln. Was dieses andere allerdings ist, liegt jenseits des menschlichen Begreifens.

Um ins Nirwana zu gelangen, soll der Mensch den „achtteiligen Pfad“ beschreiten, der zu einem der „vier edlen Wahrheiten“ gehört. Vor allem soll er Gutes tun. Dazu bieten die „fünf Verpflichtungen“ die entsprechende Maßgabe:

- Es darf kein atmendes Lebewesen (Mensch und Tier) getötet werden. Stattdessen ist für das Wohlergehen aller Lebewesen zu sorgen.
- Man darf nicht wegnehmen, was einem nicht gehört, und einen anderen Menschen nicht betrügen.

---

[37] Ebd., S. 26.

- Sexuelles Verlangen muss kontrolliert werden; sexuelles Fehlverhalten (Ehebruch und Vergewaltigung) ist zu unterlassen.
- Lügen und andere Formen falschen Sprechens sind zu unterlassen.
- Man darf keine berauschenden Getränke zu sich nehmen, sondern soll die Klarheit des Geistes bewahren.

Die Ethik des Buddhismus lässt sich in dem Gebot zusammenfassen: Tu Gutes und unterlasse das Böse. So sollen das Böse durch das Gute, Hass durch Liebe überwunden werden.

Mit seiner Aufforderung zu einem selbstlosen, rundum wohlwollenden Verhalten allen Lebewesen gegenüber erweist sich der Buddhismus als eine außerordentlich menschen- und naturfreundliche Religion.

Auffassungen von religiöser Erziehung

Religiöse Erziehung ist im Buddhismus das Einüben des Gehorsams gegenüber dem, was Buddha gelehrt hat, und die Befähigung zur Nachfolge Buddhas auf dem Weg, den er vorangegangen ist. Die Zuständigkeit für die religiöse Erziehung liegt in erster Linie bei den Mönchen. Viele Eltern schicken ihre Kinder, vor allem die Söhne, für eine gewisse Zeit in ein Kloster, damit sie hier in die Einsichten Buddhas eingeführt und befähigt werden, seine Lehre auch konkret zu leben. Die Eltern selbst sind bemüht, durch ihre Lebenshaltung und ihre Lebenspraxis – vor allem durch das Befolgen des „achtteiligen Pfades“ – und durch die Vermittlung der „vier edlen Wahrheiten“ über das Leiden in der Welt ihre Kinder für die Lehre Buddhas und für ein Leben aus seinem Geist sensibel zu machen, sie zu einem sittlichen Leben anzuhalten und zu motivieren, Gutes zu tun. Die Eltern schaffen die Voraussetzung dafür, dass ihre Kinder auf die Spur der Erkenntnis, des Wissens und der Weisheit im Sinne der Lehre Buddhas gelangen und fähig werden, anderen Menschen und den Tieren mit Respekt, Wohlwollen und Hilfsbereitschaft zu begegnen.

Mönche und andere religiöse Lehrer – solche werden allerdings nur bei Anhängern des Mahayana-Buddhismus anerkannt – sollen diese Bemühungen der Eltern fortsetzen, ihre Kinder konsequent zur tieferen Einsicht in die Lehre Buddhas verhelfen und zu einem ethischen Handeln befähigen. Dieses soll von Mitleid, Barmherzigkeit und Gewaltfreiheit bestimmt sein. Denn das ist die Voraussetzung dafür, dass die Kinder einmal in die Lage kommen, die Buddha-Natur, die in jedem Menschen zugrunde liegt, zu entfalten.

Anhaltspunkte für die interreligiöse Erziehung in Kindertageseinrichtungen

Wenn Kinder buddhistischer Eltern eine deutsche Kindertageseinrichtung besuchen, sollte für die interreligiöse Erziehung bedacht werden, ob es sich um Kinder von deutschen oder ausländischen Buddhisten handelt. Häufig haben sich deutsche Buddhisten aus bewusster Absetzung vom oder gar aus Enttäuschung über das Christentum dem Buddhismus zugewandt. Deshalb dürften sie gegenüber einer religiösen Erziehung ihrer Kinder in der Kindertageseinrichtung skeptisch eingestellt sein, da diese hierzulande in der Regel von einem christlichen Verständnis von Religion und religiöser Erziehung ausgeht.

Bei der interreligiösen Erziehung mit Kindern, die dem Buddhismus angehören, sollte beachtet werden:

- Es empfiehlt sich, solche Themen zu behandeln, die sich auf das Verhalten der Kinder zu anderen Menschen, zu Tieren und der Natur überhaupt beziehen. Denn die Vorgaben des Buddhismus, dass dieses Verhalten von Achtsamkeit, Respekt, Wohlwollen und Hilfsbereitschaft bestimmt sein soll, entspricht dem, was in anderen Religionen, vor allem in der christlichen, als maßgebend für das Umgehen miteinander gilt: offen und tolerant zu sein, dem anderen zu helfen, sich nach Streit und Unfrieden wieder zu versöhnen und in der Not zusammen zu stehen.

- Bei der Werteerziehung sind vor allem solche Werte bedeutsam, die sich nicht auf materielle Dinge beziehen, sondern die Einstellung zum Leben und die Beziehung zwischen den Menschen bestimmen: Achtung vor allem Lebenden, Frieden, Freundschaft, Solidarität. Kinder mit solchen Werten vertraut zu machen und sie zu befähigen, sie konkret umzusetzen, entspricht einer buddhistischen Werteerziehung ebenso wie einer christlichen und islamischen.
- Für die interreligiöse Erziehung von Kindern aus buddhistischen Familien empfehlen sich vor allem unterschiedliche Formen der Meditation und von Ruheübungen. Denn die Meditation nimmt in der Spiritualität (das meint: Leben aus einem bestimmten Geist heraus) des Buddhismus einen breiten Raum ein. Vor allem meditative Elemente religiöser Erziehung wie das Ausmalen von Mandalavorlagen, meditatives Tanzen, Ruheübungen, Singen und Beten sind für die interreligiöse pädagogische Arbeit mit buddhistischen Kindern geeignet.

5 Gemeinsam ein Fest feiern

Feste spielen in allen Religionen eine bedeutende Rolle. Beim Feiern religiöser Feste verbinden die Menschen ihre Anliegen, ihre Hoffnungen, Sehnsüchte, Ängste und Alltagserfahrungen, aber auch ihre Dankbarkeit, ihre Bitten und Wünsche mit ihrem Glauben: Sie bringen dies alles, was elementar zu ihrem Leben gehört, vor ihren Gott, von dem sie sich Zuwendung und Hilfe erwarten, den sie aber auch loben, dem sie danken, den sie anbeten wollen. Sie geben dem Glaubensleben einen Rhythmus und eine Kontinuität.

Bei Festen bringen Menschen zum Ausdruck, was ihnen der Glaube bedeutet. Feste verbinden aber auch Menschen miteinander. Denn man kommt zusammen, man betet, singt, tanzt, isst und trinkt zusammen.

Feste spielen auch bei der Begegnung zwischen den Angehörigen unterschiedlicher Religionen eine wichtige Rolle.

In Kindertageseinrichtungen, in denen eine interreligiöse Erziehung praktiziert wird, gehört das gemeinsame Feiern von Festen verschiedener Religionen einfach dazu. Beliebt sind besonders solche Feste, bei denen gemeinsam gebetet, gesungen und gegessen wird und bei denen sich die Kinder gegenseitig beschenken. In Einrichtungen, die von christlichen und muslimischen Kindern besucht werden, stehen vor allem Weihnachten und das Fest des Fastenbrechens hoch im Kurs. Denn bei beiden gibt es Geschenke und viele Süßigkeiten, bei beiden erfahren die Kinder, dass ihre Religion Freude machen und Gemeinschaft stiften kann.

Das Fastenbrechen, das auch „Zuckerfest" genannt wird, ist ein muslimisches Fest, an dem auch christliche Kinder gerne teilnehmen. Es gehört zu den großen Festen des Islam. Es bildet den krönenden Abschluss des Fastenmonats Ramadan und dauert drei Tage. In den Ländern, in denen der Islam die offizielle Religion ist, haben die Kinder am ersten Tag schulfrei. Die Muslime stehen an diesem Tag früh auf, sie waschen sich besonders gründlich, ziehen ihre besten Kleider an, gehen zum Gottesdienst in die Moschee und besuchen die Gräber ihrer Angehörigen und Verwandten. Danach gibt es ein großes Essen. Dazu werden von wohlhabenderen Familien auch arme Leute eingeladen oder man verteilt Nahrungsmittel an die Armen des Ortes. Im Mittelpunkt des Festes stehen Besuche bei Verwandten, Freunden und kranken Angehörigen. Überall bekommen die Kinder Geschenke und Süßigkeiten. Oft gibt es auch einen Jahrmarkt, Musikvorführungen und Straßentheater.

Das Fastenbrechen ist in muslimischen Familien ein Fest, bei dem die Kinder reich beschenkt werden. Sie stehen in gewisser Weise im Mittelpunkt. Deshalb feiern sie es auch gerne mit anderen Kindern zusammen – in den Familien, aber auch im Kindergarten.

Wir feiern das Zuckerfest im Kindergarten

Unser Kindergarten wird von vielen türkischen Kindern besucht. Wenn die Tage des Fastenbrechens nahen, werden sie immer unruhiger und erwartungsvoller. Denn in diesen Tagen sind sie lange Zeit mit ihrer Familie zusammen, besuchen sie ihre Verwandten und bekommen sie Geschenke. Und es gibt viele köstliche Sachen zu essen, vor allem Süßigkeiten.

Wir vereinbaren mit den Eltern unserer türkischen Kinder, an welchem Tag wir das Zuckerfest miteinander feiern wollen. Denn die Eltern kommen in der Regel dazu und sie sehen es auch gern, wenn die Eltern der anderen Kinder bei diesem Fest mitmachen.

Deshalb kündigen wir schon rechtzeitig allen Eltern an, wann wir das Zuckerfest feiern wollen. Wir erläutern auch, was es

mit diesem Fest im Glauben der Muslime auf sich hat, und weil es für unsere türkischen Kinder und ihre Eltern ein ausgesprochenes Familienfest ist, laden wir zusammen mit den türkischen Kindern und ihren Eltern alle anderen Kinder und ihre Familien zu diesem Fest ein.
Wir bitten die Familien, sich festlich zu kleiden und ein kleines Geschenk mitzubringen. Denn festliche Kleidung und Geschenke für die Kinder dürfen nicht fehlen bei diesem freudigen Fest.
Wir haben das Zuckerfest schon mehrmals in unserer Einrichtung gefeiert. Deshalb hat es sich auch bei den deutschen und anderen nichttürkischen Eltern herumgesprochen, wie viel Freude es macht, bei diesem Fest als Familie mitzumachen.
Die türkischen Kinder kommen an diesem Tag besonders hübsch angezogen in unsere Einrichtung. Sie bringen viele Süßigkeiten mit, die ihre Mütter zubereitet haben. Jedes Kind hat ein kleines Geschenk, das wir auf unseren „Gabentisch" legen. Auch die anderen Kinder haben kleine Geschenke mitgebracht, die aber nicht gleich an jemanden verschenkt, sondern ebenfalls auf dem „Gabentisch" gesammelt werden.
Das Essen wurde von den türkischen Eltern zubereitet und besteht aus vielen köstlichen Speisen. Vor dem Essen singen wir mit den Kindern einige Lieder, auch ein Lied, in dem wir Gott für alle guten Gaben, die auf dem Tisch stehen, und für das, was auf unseren Feldern wächst, danken. Anfangs war es etwas ungewohnt für unsere nichttürkischen Eltern, dass sich die türkischen Familien in eine Frauen- und eine Männerseite zum Essen an die Tische gesetzt haben. Inzwischen machen es ihnen die anderen Familien nach, sodass während des Essens die Mütter und die Väter zusammensitzen. Nach dem Essen geht es meist wieder lockerer zu und die Eltern setzen sich zu denen, mit denen sie sich gerne unterhalten möchten.

Gegen Ende des Essens werden Süßigkeiten ausgeteilt. Darauf haben alle Kinder schon gewartet. Und dann bekommt jedes Kind eines der Geschenke, die auf unserem „Gabentisch“ liegen.
„Das ist ja wie bei uns an Weihnachten“, sagt eines der Kinder.
Weihnachten – das ist ein gutes Stichwort für unsere Leiterin, den nichtchristlichen Eltern ein wenig vom Sinn des Weihnachtsfestes zu erzählen. Dabei erwähnt sie natürlich auch, dass die Christen sich zu diesem Fest ebenfalls gegenseitig beschenken, dass man in den Familien ein Festessen hält und freundlich zueinander ist.
„Warum feiern wir nicht Weihnachten auch alle zusammen wie heute das Zuckerfest?“, fragt eine Mutter.
Das ist eine gute Idee, bestätigen auch die türkischen Eltern. Und der Plan für das nächste religiöse Fest, das wir gemeinsam feiern, ist geboren.

Ausblick

Am Ende dieses Buches ist deutlich geworden: Interreligiöse Erziehung in Kindertageseinrichtungen verlangt zum einen gründliches Nachdenken über den Sinn und die Ziele, die mit einer interreligiösen pädagogischen Arbeit verbunden sein können und sollen. Dabei dürfte eine solche Reflexion häufig noch grundsätzlichere Fragen aufwerfen. Soll überhaupt religiöse Erziehung in Kindertageseinrichtungen praktiziert werden? Wenn ja, in welcher Beziehung steht sie dann zu den anderen pädagogischen Themen- und Handlungsfeldern? Was müssen Erzieher/-innen mitbringen, um religiöse Erziehung und speziell interreligiöse Erziehung sinnvoll und zum Wohl der Kinder durchzuführen?

Diese vielfältigen Überlegungen wurden in diesem Buch in Grundsätzen und Leitlinien zusammengefasst, die den mit interreligiöser Erziehung befassten Erzieher/-innen Anhaltspunkte und Orientierung und für die Teams in den Kindertageseinrichtungen eine Diskussionsgrundlage bieten sollten.

Interreligiöse Erziehung setzt aber auch die Beschäftigung mit den unterschiedlichen Religionen selbst voraus.

Mit diesem Buch wurde ein kleines Kompendium zur interreligiösen Erziehung in Kindertageseinrichtungen vorgelegt. Kompendien wollen möglichst alle wichtigen Aspekte eines Themenfeldes aufgreifen und anreißen und manches davon auch vertiefen. Mir war es wichtig, sowohl für die grundsätzliche Reflexion als auch für die Praxis interreligiöser Erziehung in Kindertageseinrichtungen Grundlagen und Anhaltspunkte zu bieten und für diese Praxis Mut zu machen.

Denn der interreligiöse Dialog und die Entwicklung gemeinsamer Lebensformen und gemeinsamer religiöser Unternehmungen – gerade in Kindertageseinrichtungen, Schulen und anderen pädagogischen und diakonischen Wirkfeldern – ist heute unverzichtbar. Das Eigene bewahren und deutlich machen, zugleich auf den anderen zugehen und Formen der Annäherung und des gemeinsamen Engagements finden – eine solche Balance herzustellen, ist eine Herausforderung, aber auch eine Chance für die Zukunftsfähigkeit unserer multikulturellen und multireligiösen Gesellschaft.

Literatur und Materialien

Im Folgenden werden Bücher und Materialien vorgestellt, die sowohl für eine grundsätzliche Beschäftigung mit den Religionen als auch für die Praxis der interreligiösen Erziehung zu empfehlen sind.

Die Religionen im Überblick – Gesamtdarstellungen

Emma Brunner-Traut (Hrsg.): Die fünf großen Weltreligionen. Islam, Judentum, Buddhismus, Hinduismus, Christentum. Freiburg: Herder Verlag 12. Aufl. 2002, 143 S. (Herder Spektrum 50087; ISBN 3-451-04006-9)

Basiswissen Weltreligionen. Gütersloh: Gütersloher Verlagshaus 2002, 365 S. (ISBN 3-579-02329-2)

Wissen aktuell: Weltreligionen. Wann war? Was war? Wer war? München: Compact Verlag 2003, 384 S. (Edition Trautwein – Reihe Wissen aktuell; ISBN 3-8174-6493-7)

Hans Küng: Spurensuche. Die Weltreligionen auf dem Weg. München: Piper Verlag 1999, 314 S. (ISBN 3-492-04103-5)

Die Weltreligionen in Büchern für Kinder

In einigen bekannten Sachbuchreihen für Kinder sind jüngst auch großformatige illustrierte Darstellungen über die Welt der Religionen erschienen. Dabei handelt es sich allerdings um Bücher, die sowohl bezüglich der inhaltlichen Ausführungen als auch der Bilder und Illustrationen anspruchsvoll sind und deshalb für Kinder im Schulalter in Frage kommen.

Für den Vorschulbereich wurden ebenfalls Bücher und Arbeitshefte veröffentlicht, in denen die Religionen mit ihren charakteristischen Merkmalen – Glaubensinhalte, Symbole, Riten, Feste und Lebensweisen – vorgestellt werden. Von diesen Publikationen sind für die interreligiöse Erziehung vor allem die zu empfehlen, in denen Kinder anderen Kindern ihre Religion beschreiben.

a) Portraits der Weltreligionen in Sachbuchreihen

Annett Hausten u. a.: Weltreligionen. Nürnberg: Tessloff Verlag 2. Aufl. 1999, 48 S. (Reihe: Was ist was, Bd. 105; ISBN 3-7886-0668-1)

Religionen der Welt. München: Edition XXL 1999, 100 S. (Reihe: Aktuelles Wissen; ISBN 3-89736-701-7)

Die großen Religionen der Welt. Hinduismus, Buddhismus, Judentum, Christentum, Islam. Ravensburg: Ravensburger Buchverlag 2002, 159 S. (ISBN 3-473-35830-4)

Unsere Religionen. Christentum, Islam, Hinduismus, Buddhismus, Judentum. Ravensburg: Ravensburger Buchverlag 2003, 18 S. (Reihe: Wieso? Weshalb? Warum?; ISBN 3-473-33255-0)

Religionen. Die großen Religionen der Welt: Lehre, Mythen, Glaubenspraxis. Hildesheim: Gerstenberg Verlag 3. Aufl. 2002, 61 S. (Reihe: Sehen – staunen – wissen)

Der Islam. Geschichte, Glaube und Gesellschaft. Hildesheim: Gerstenberg Verlag 2003, 64 S. (Reihe: Sehen – staunen – wissen; ISBN 3-8067-4550-1)

b) Die Religionen der Welt – Kindern erklärt

Monika und Udo Tworuschka; Die Weltreligionen – Kindern erklärt. Gütersloh: Gütersloher Verlagshaus 1996, 91 S. (Reihe: Wie andere leben – was andere glauben; ISBN 3-579-02206-7)

Dies.: Der Islam – Kindern erklärt. Gütersloh: Gütersloher Verlagshaus 1999, 42 S. (Reihe: Wie andere leben – was andere glauben; ISBN 3-579-02234-2)

Dies.: Lexikon Weltreligionen Kindern erklärt. Gütersloh: Gütersloher Verlagshaus 2003, 140 S. (ISBN 3-579-02313-6)

Monika Tworuschka: Zu Gast bei den Religionen der Welt. Eine Entdeckungsreise für Eltern und Kinder. Freiburg: Herder Verlag 2000, 192 S. (Herder Spektrum 4845; ISBN 3-451-04845-0)

Franz Menke: Die Religionen der Welt den Kindern erklärt. Kevelaer: Butzon & Bercker Verlag 2. Aufl. 2001, 22 S. (ISBN 3-7666-0158-X)

Dietrich Steinwede/Ingrid Ryssel (Hrsg.): Weltreligionen. Gütersloh: Gütersloher Verlagshaus 2. Aufl. 2001, 64 S. (Reihe: Religion – erzählen und verstehen, Themenheft 6; ISBN 3-579-02242-3)

c) Kinder erzählen von ihrer Religion

Alan Brown/Andrew Langley: Woran wir glauben. Religionen der Welt – von Kindern erzählt. Lahr: Verlag Ernst Kaufmann 4. Aufl. 2002, 64 S. (ISBN 3-7806-2516-4)

Georg Schwikart: Gott hat viele Namen. Kinder aus aller Welt erzählen von ihrem Glauben. Düsseldorf: Patmos Verlag 4. Aufl. 2000, 87 S. (ISBN 3-491-79479-X)

d) Arbeitshefte zu den Festen und zur Gebetskultur der Religionen

Gertrud Wagemann: Feste der Religionen – Begegnung der Kulturen. München: Kösel Verlag aktualisierte Neuauflage 2002, 222 S. (ISBN 3-466-36462-0)

Reinhard Kirste u. a.: Die Feste der Religionen. Ein interreligiöser Kalender mit einer synoptischen Übersicht. Gütersloh: Gütersloher Verlagshaus 2. Aufl. 1997, 127 S. (Gütersloher Taschenbücher GTB 771; ISBN 3-579-00771-8)

Feste der Weltreligionen – Leben in einer multikulturellen Schule. Seelze: Friedrich Verlag 1997, 56 S. (ohne ISBN)

Meine Feste – deine Feste. Interreligiöser Festtagskalender. Arbeitsheft mit großem Wandkalendarium. München: Deutscher Katecheten-Verein 2002

Brigitte Schiffers/Cevriyue Güler: Zeig mir, wie du betest! Christliche und islamische Bräuche – Kindern erklärt. Lose-Blatt-Mappe. Aachen: Bergmoser + Höller Verlag 1998

Grundlagen- und Arbeitsbücher zur interreligiösen Erziehung in Kindertageseinrichtungen

Frieder Harz: Ist Allah auch der liebe Gott? Interreligiöse Erziehung in der Kindertagesstätte. München: Don Bosco Verlag 2001, 162 S. (ISBN 3-7698-1307-3)

Dietmar Böhm u. a.: Handbuch Interkulturelles Lernen. Theorie und Praxis für die Arbeit in Kindertageseinrichtungen. Freiburg: Herder Verlag 1999, 254 S. (ISBN 3-451-27001-3)

Gerlinde Knisel-Scheuring: Interkulturelle Elterngespräche. Gesprächshilfen für Erzieherinnen in Kindergarten und Hort. Lahr: Verlag Ernst Kaufmann 2002, 53 S. (Reihe: Mit Eltern im Dialog; ISBN 3-7806-2596-2)

Vera Krause: Salam! Der Islam in der Grundschule. Lern-Bausteine für Regelunterricht und Freiarbeit in den Klassen 3 und 4. Donauwörth: Auer Verlag 2003, 133 S. (ISBN 3-403-03728-2)

Franz Menke: Gottes Haus hat viele Türen. Werkbuch Weltreligionen für Kindergarten und Grundschule. Limburg-Kevelaer: Lahn-Verlag 2002, 128 S. (ISBN 3-7840-3254-0)

Heute: Religion. Von Jerusalem bis Mekka. Judentum und Islam Kindern erklärt. Aachen: Bergmoser + Höller Verlag 2002, 66 S. (Arbeitsmappe mit Lose-Blatt-Sammlung; ISBN 3-88997-150-4)

Barbara Huber-Rudolf: Muslimische Kinder im Kindergarten. Eine Praxishilfe für alltägliche Begegnungen. München: Kösel Verlag 2002, 108 S. (ISBN 3-466-36587-2)

Publikationen der konfessionellen Trägerverbände zur interkulturellen und interreligiösen pädagogischen Arbeit von Kindertageseinrichtungen

Vielfalt bereichert. Interkulturelles Engagement katholischer Tageseinrichtungen für Kinder. Positionen und Materialien. Redaktion: Matthias Hugoth/Theresia Wunderlich. Freiburg: Verband Katholischer Tageseinrichtungen für Kinder 1999, 110 S. (ISBN 3-933383-01-3)

Die Welt der Religionen im Kindergarten. Grundlegung und Praxis interreligiöser Erziehung. Redaktion: Matthias Hugoth. Freiburg: Verband Katholischer Tageseinrichtungen für Kinder 2001, 70 S. (KTK-Position – Theologie und Religionspädagogik; ISBN 3-933383-06-4)

Vielfalt leben – Profil gewinnen. Interkulturelle und interreligiöse Erziehung und Bildung in evangelischen Tageseinrichtungen für Kinder. Redaktion: Ulrike Gebelein/Rudolf Jan Gajdacz. Stuttgart: Bundesvereinigung Evangelischer Tageseinrichtungen für Kinder 2002, 81 S. (Diakonie Positionen)

Zitierte Literatur

Bildung von Anfang an. Der Bildungsauftrag von Kindertageseinrichtungen in kirchlicher Trägerschaft. Ein Positionspapier der Bundesvereinigung Evangelischer Tageseinrichtungen für Kinder (BETA) und des KTK-Bundesverbandes. Freiburg/Stuttgart: KTK-Bundesverband/BETA 2002

Dietmar Böhm u. a.: Handbuch Interkulturelles Lernen. Theorie und Praxis für die Arbeit in Kindertageseinrichtungen. Freiburg: Herder Verlag 1999

Stefan Braun: Stichwort Islam. München: Heyne Verlag 2. Aufl. 1992 (Heyne-TB Sachbuch 19/4007)

Vanamali Gunturu: Hinduismus. München: Hugendubel Verlag 2002, 96 S. (Diederichs kompakt)

Gottfried Hierzenberger: Der Glaube der Hindus. Limburg-Kevelaer: Lahn Verlag 2003 (Reihe: Grundwissen Religion; Topos plus TB 469)

Gudrun Jakubeit/Karl Schattenhofer: Fremdheitskompetenz. Ein Weg zum aktiven Neben- und Miteinander von Deutschen und Fremden, in: Neue Praxis 26 (1996)

Pamela Oberhuemer: Pädagogik der Vielfalt: Kulturenvielfalt gehört dazu, in: Theorie und Praxis der Sozialpädagogik (TPS) 3/2001, S. 10–14

Wolfgang Raack u. a.: Recht der religiösen Kindererziehung. Unser Kind und seine Religion. München. Deutscher Taschenbuch Verlag 2003 (Beck Rechtsberater im dtv; 5676)

Verena Reichle: Die Grundgedanken des Buddhismus. Frankfurt a. M.: Fischer Verlag 10. Aufl. 2002 (Fischer-TB 12146)

Folkert Rickers: Interreligiöses Lernen: Die religionspädagogische Herausforderung unserer Zeit, in: Folkert Rickers/Eckkart Gottwald (Hrsg.): Vom religiösen zum interreligiösen Lernen. Wie Angehörige verschiedener Konfessionen lernen. Möglichkeiten und Grenzen interreligiöser Verständigung. Neukirchen: Neukirchener Verlag 1998

Religion für alle Kinder? Konfessionslose und andersgläubige Kinder in katholischen Kindertageseinrichtungen. Leitlinien und Materialien für die religiöse Erziehung. Redaktion: Matthias Hugoth. Freiburg: Verband Katholischer Tageseinrichtungen für Kinder (KTK) – Bundesverband 2003

Thomas Schweer: Stichwort Judentum. München: Heyne Verlag 2. Aufl. 1994 (Heyne-TB Sachbuch 19/4055)

Ders.: Stichwort Buddhismus. München: Heyne Verlag 4. Aufl. 1992 (Heyne-TB Sachbuch 19/4015)

Ders.: Stichwort Hinduismus, in: Thomas Schweer/Stefan Braun: Religionen der Welt. Buddhismus, Hinduismus, Judentum, Christentum, Islam. München: Heyne Verlag 2. Aufl. 1996, S. 97–191 (Reihe Stichwort spezial – Heyne TB 4077)

Werner Trutwin: Die Weltreligionen – Buddhismus. Arbeitsbücher für die Sekundarstufe II Religion – Philosophie – Ethik. Düsseldorf: Patmos Verlag 1998

Ders.: Die Weltreligionen – Hinduismus. Arbeitsbücher für die Sekundarstufe II Religion – Philosophie – Ethik. Düsseldorf: Patmos Verlag 1998

Ders.: Die Weltreligionen – Islam. Arbeitsbücher für die Sekundarstufe II Religion – Philosophie – Ethik. Düsseldorf: Patmos Verlag 1998

Monika und Udo Tworuschka: Der Koran und seine umstrittenen Aussagen. Düsseldorf: Patmos Verlag 2002

Monika Tworuschka: Grundwissen Islam. Religion, Politik, Gesellschaft. Münster: Aschendorff Verlag 2002, 212 S. (ISBN 3-402-03424-7)

Vielfalt bereichert. Interkulturelles Engagement katholischer Tageseinrichtungen für Kinder. Positionen und Materialien. Redaktion: Matthias Hugoth/Theresia Wunderlich. Freiburg: Verband Katholischer Tageseinrichtungen für Kinder (KTK) – Bundesverband 1999

Monika Wohlrab-Sahr: Konfessionslos gleich religionslos? – Überlegungen zur Lage in Ostdeutschland, in: Götz Doyé/Hildrun Kessler (Hrsg.): Konfessionslos und religiös. Gemeindepädagogische Perspektiven. Leipzig: Evangelische Verlagsanstalt 2002